# ...TION, PROGRÈS ET LIBERTÉ

PAR

## Pierre Vallet, P. S. S.

Professeur d'Écriture Sainte
au Grand Séminaire de Clermont-Ferrand

PARIS

## LIBRAIRIE BLOUD ET BARRAL

4, RUE MADAME ET RUE DE RENNES, 59

1900

*Tous droits réservés*

# SCIENCE ET RELIGION

### Etudes pour le temps présent. — Prix 0 fr. 60 le vol.

— **Certitudes scientifiques et Certitudes philosophiques**, par le R. P. DE LA BARRE, S. J., prof. à l'Institut catholique de Paris. 1 vol.

— *Du même auteur :* **L'Ordre de la nature et le Miracle.** 1 vol.

— **L'Ame de l'homme**, par J. GUIBERT, supérieur du séminaire de l'Institut catholique de Paris. 1 vol.

— **Faut-il une religion ?** par l'abbé GUYOT. 1 vol.

— *Du même auteur :* **Pourquoi y a-t-il des hommes qui ne professent aucune religion ?** 1 vol.

— **Nécessité scientifique de l'existence de Dieu**, par P. COUBERT 1 vol.

— *Du même auteur :* **Jésus-Christ est Dieu.** 1 vol.

     id. **Convenance scientifique de l'Incarnation.** 1 vol.

— **Etudes sur la pluralité des mondes habités et le dogme de l'Incarnation**, par le R. P. ORTOLAN.

I. — *L'Epanouissement de la vie organique à travers les plaines de l'infini.* 1 vol.

II. — *Soleils et terres célestes.* 1 vol.

III. — *Les Humanités astrales et l'Incarnation.* 1 vol.

— *Du même auteur :* **La Fausse Science contemporaine et les Mystères d'Outre-tombe.** 1 vol.

     id. **Vie et Matière ou Matérialisme et Spiritualisme en présence de la Cristallogénie.** 1 vol.

     id. **Matérialistes et Musiciens.** 1 vol.

— **L'Au-delà ou la Vie future d'après la foi et la science**, par l'abbé J. LAXENAIRE. 1 vol.

— **Le Mystère de l'Eucharistie. — Aperçu scientifique**, par l'abbé CONSTANT. 1 vol.

— *Du même auteur :* **Le Mal, sa nature, son origine, sa réparation.** 1 vol.

— **L'Eglise catholique et les Protestants**, par G. ROMAIN. 1 vol.

— *Du même auteur :* **L'Inquisition**, son rôle religieux, politique et social. 1 vol.

— **Mahomet et son œuvre**, par I. L. GONDAL, professeur d'apologétique et d'histoire au séminaire Saint-Sulpice. 1 vol.

— *Du même auteur :* **L'Eglise Russe.** 1 vol.

— **Christianisme et Bouddhisme** (*Etudes orientales*), par l'abbé THOMAS, vicaire général de Verdun. 2 vol.

— *Du même auteur :* **Dieu auteur de la vie.** 1 vol.

     id. **La Fin du monde d'après la Foi.** 1 vol.

— **Où en est l'Hypnotisme, son histoire, sa nature et ses dangers**, par A. JEANNIARD DU DOT, auteur du *Spiritisme dévoilé.* 1 vol.

— *Du même auteur :* **Où en est le Spiritisme.** 1 vol.

     id. **L'Hypnotisme et la science catholique.** 1 vol.

     id. **L'Hypnotisme transcendant en face de la philosophie chrétienne.** 1 vol.

SCIENCE ET RELIGION
Études pour le temps présent

# ÉVOLUTION, PROGRÈS ET LIBERTÉ

PAR

## Pierre Vallet, P. S. S.

Professeur d'Ecriture Sainte
au Grand Séminaire de Clermont-Ferrand

PARIS

## LIBRAIRIE BLOUD ET BARRAL

4, RUE MADAME ET RUE DE RENNES, 59

1900

Tous droits réservés

# ÉVOLUTION, PROGRÈS ET LIBERTÉ

## CHAPITRE PREMIER

### L'Evolution.

I. Ecole évolutionniste. — Cette école place à l'origine de toutes choses la matière ou l'atome ; l'atome aspire à la vie et l'engendre, et celle-ci, attirée par l'*idéal* et transformée par le *temps*, donne naissance à la sensibilité et enfin à la pensée. Voilà en peu de mots toute la genèse de l'univers et de l'homme. La biologie est une simple dépendance de la physique, et la sociologie une dépendance de la biologie. Et comme la *fatalité* règne en souveraine dans les provinces inférieures de la matière et de la vie, il doit en être de même dans les régions supérieures de l'esprit et de la société humaine. Le système prétendu scientifique est donc un mélange bizarre de darwinisme et d'hégélianisme.

Donnons la parole à ses plus illustres défenseurs et laissons-les nous livrer eux-mêmes le secret de leur pensée.

M. Taine s'exprime ainsi : « Au sommet des choses se prononce l'axiome éternel, et le retentissement prolongé de cette formule *créatrice* compose, par ses ondulations inépuisables, l'immensité de l'univers... Toute vie est un de ses moments, tout être est une de ses formes, et les séries des choses dépendent d'elle selon des *nécessités indestructibles*, repliées par les divins anneaux de sa chaîne d'or (1). »

Et ailleurs : « Si quelqu'un découvrait entre ces trois termes, la quantité *pure*, la quantité *déterminée* et la

_______

(1) Dans Caro, *L'idée de Dieu*, ch. IV.

quantité *supprimée,* un ordre tel que la première appelât la seconde et la seconde la troisième ; s'il établissait ainsi que la quantité pure est le *commencement* nécessaire de la nature et que la pensée en est le terme extrême, auquel la nature tout entière est suspendue ; si, ensuite, isolant les éléments de ces données, il montrait qu'ils doivent se combiner comme ils sont combinés, et non autrement ; s'il prouvait enfin qu'il n'y a point d'autres éléments et qu'il ne peut y en avoir d'autres, il aurait esquissé une métaphysique sans empiéter sur les sciences positives (1). »

Avec Spencer, qu'on a surnommé « le dernier des métaphysiciens anglais », l'idée d'évolution atteint les dernières limites de son empire possible et s'élève à la plus haute synthèse. Tout le développement cosmique, depuis l'atome jusqu'à l'homme, procède d'une seule loi : *la persistance de la force.* Il n'y a qu'une loi parce qu'il n'y a qu'une vie, il n'y a qu'une vie parce qu'il n'y a qu'une force persistante, diversifiée par l'infinité des mouvements dont elle remplit le temps et l'espace. Sous l'empire de cette loi, toutes les variétés de mouvements se transforment les unes dans les autres, et partent de l'*indéterminé* pour arriver au *déterminé* et à l'individuel, d'un état *diffus* à un état *cohérent,* d'un état *homogène* à un état *hétérogène,* de l'*indéfini* au *défini.*

Arrivé à ce terme suprême, l'être s'établit dans *l'équilibre* et voit aussitôt commencer le mouvement inverse de son évolution, c'est-à-dire la *désagrégation,* la dissolution, non moins fatale que l'évolution elle-même.

On l'aura remarqué, dans cette vaste synthèse de l'univers, le progrès *humain* disparaît comme une goutte d'eau dans l'océan, et l'humanité n'est qu'un accident insignifiant que produit et retire le jeu des

(1) *La philosophie anglaise contemporaine.*

forces éternelles. Les sociétés meurent comme elles sont nées, comme meurt toute chose sensible, comme meurt un ciron, comme mourra le monde, renversé par une *désintégration* complète (1).

Ce *déterminisme,* appliqué à la société, est une des conclusions de l'école positiviste ; il se trouve pareillement dans un opuscule curieux de Kant : *L'idée d'une histoire universelle.*

II. CONSÉQUENCES DE LA THÉORIE. — PREMIÈRE CONSÉQUENCE : SE CROISER LES BRAS. — D'après les principes exposés plus haut, le progrès est nécessaire, fatal, il n'est point l'œuvre de l'homme, de son travail et du bon emploi de ses facultés ; il s'accomplit sans lui, en dehors de lui, malgré lui. L'homme n'a pas besoin d'agir ni de lutter, il peut, selon l'expression de Jouffroy, « se croiser les bras » et contempler avec sérénité le cours du fleuve dont les vagues irrésistibles sont poussées par une divinité mystérieuse et cachée.

« Du point de vue où les lumières de mon siècle m'ont conduit, il n'est plus en moi de sentir ni enthousiasme ni haine pour les opinions et les partis qui se disputent la scène du monde. Les événements sont si absolument *déterminés* par les idées et les idées se succèdent et s'enchaînent d'une manière si fatale, que la seule chose dont le philosophe doive être tenté, c'est de se croiser les bras et de regarder s'accomplir les révolutions auxquelles les hommes peuvent si peu (2). »

Ainsi le dernier mot de la sagesse serait un état de torpeur, d'impassibilité semblable à celle des musulmans ou des stoïciens, et qui n'aurait pas même le mérite d'être réglée par la Providence d'un Dieu libre et moral.

(1) *La Statique sociale et les principes,* passim.
(2) *Mélanges philosophiques : du problème de la destinée humaine.*

DEUXIÈME CONSÉQUENCE : INDIFFÉRENCE GÉNÉRALE. — Du moment que l'homme n'est plus réellement un acteur, ou du moins un acteur libre, sur la scène de ce monde, l'*histoire* devient chose assez indifférente, l'on ne retrouve plus rien de ce qui en fait l'intérêt dramatique et passionné, c'est-à-dire « le jeu des spontanéités libres, l'intervention des énergies héroïques et des inspirations sublimes, l'essor inattendu des initiatives qui coupent la série des phénomènes, et surtout l'action profonde, incessante de la moralité publique ou privée sur le développement de la vie des peuples, le mérite humain de ces grands phénomènes du travail, de la discipline, de l'obéissance aux lois, qui sont bien, quoi qu'on dise, des phénomènes libres, et par lesquels chacun de nous prend une part directe aux destinées de l'humanité (1). »

Dans une telle hypothèse, Jouffroy a dit vrai, « il n'est plus en nous de sentir ni enthousiasme ni haine pour les opinions et les partis qui se disputent la scène du monde. » Personne ne met plus rien de soi dans la balance, chacun remplit son rôle sous les regards et sous l'impulsion de la fatalité : dès lors, qui pourrait-on admirer ou haïr ?

TROISIÈME CONSÉQUENCE : PLUS DE CRIME DANS L'HISTOIRE. — Les partisans de ce nouveau fatalisme progressiste n'ont eu garde de s'arrêter en un si beau chemin : ils ont eu à cœur de tirer explicitement, minutieusement, toutes les conséquences de leur système. Ils ont donc conclu, avec Cousin et Littré, qu'on ne saurait découvrir *aucun crime* proprement dit dans toute l'histoire des peuples ; sans doute l'événement précédent était moins bon, moins parfait que l'événement qui l'a suivi,

_________

(1) Caro, *Problèmes de morale sociale,* ch. XII.

mais il a été bon et bienfaisant à son heure et à sa manière, il résultait nécessairement du choc des idées qui
se trouvaient en présence, des circonstances fortuites
de temps et de lieu, des faits antérieurs, et il a rendu
possible l'événement suivant qui devait être meilleur et
plus heureux.

Ecoutez cette déclaration tranchante de Cousin :
« J'ai absous la victoire comme nécessaire et utile ; j'entreprends maintenant de l'absoudre comme juste dans
le sens le plus étroit du mot, j'entreprends de *démontrer
la moralité du succès...* J'espère avoir démontré que
puisqu'il faut bien qu'il y ait toujours un vaincu, et que
le vaincu est *toujours* celui qui doit l'être, accuser le
vainqueur et prendre le parti contre la victoire, c'est
prendre parti contre l'humanité et se plaindre de la civilisation. Il faut aller plus loin : il faut prouver que le
vaincu doit être vaincu et a mérité de l'être ; il faut prouver non seulement que le vainqueur sert la civilisation,
mais qu'il est meilleur, plus moral, et que c'est pour cela
qu'il est vainqueur. S'il n'en était pas ainsi, il y aurait
contradiction entre la moralité et la civilisation, ce qui
est impossible (1). »

A son tour, Littré représente tout pouvoir comme
destiné à parcourir successivement trois phases contraires : d'abord *révolutionnaire* (c'est le moment où il
s'efforce de renverser le pouvoir existant), ensuite *con-
servateur* (de lui-même et de l'idée qui l'a fait triompher),
il devient enfin *réactionnaire* lorsqu'il résiste aux idées
nouvelles, au pouvoir nouveau, amené par le temps et
la force des choses (2). Par exemple, Julien et Napoléon I<sup>er</sup> ont également été des réactionnaires, l'un pour

---

(1) *Introd. génér. à l'hist. de la philos.*, leçon 9ᵉ.
(2) *Application de la philosophie positive au gouvernement des
sociétés*, ch. II.

avoir résisté au christianisme, l'autre pour avoir résisté à la révolution.

En deux mots négation du *mal* et déification du *succès*, voilà le résumé de la doctrine nouvelle.

QUATRIÈME CONSÉQUENCE : LE PROGRÈS IMPOSSIBLE. — Le progrès est un mouvement, un avancement, une ascension vers un terme fixe et arrêté. Mais le mouvement suppose un point de *départ* et un point *d'appui*. S'il n'y a point *d'absolu*, il n'y a point non plus de *relatif*, car le relatif se rapporte à l'absolu et repose sur lui. Et s'il n'y a rien d'immuable, le mouvement lui-même devient impossible, faute de pouvoir s'appuyer sur quelque chose de solide et de stable. Peut-on raisonner, si l'on ne part de principes certains et évidents? Peut-on se déterminer librement, choisir tel ou tel bien particulier de préférence à tel autre et de préférence au mal, si la volonté n'est attachée au bonheur ou au bien universel par un amour nécessaire, immuable ?

C'est ce que n'ont pas compris les penseurs de ce siècle. Ils révoquent en doute les premiers principes, ils n'admettent pas qu'il y ait une vérité, une beauté, une bonté absolue, ils ne peuvent souffrir ou du moins ils ne rencontrent nulle part rien d'immuable, par là même ils ne peuvent faire aucun pas, aucun mouvement, parce qu'ils ne trouvent jamais la terre ferme. Au lieu de commencer par des principes reconnus évidents, ils rejettent l'évidence et débutent par la discussion et le doute : mais alors, nul moyen de sortir du doute, il faut discuter éternellement et sur toutes choses.

Pour faire mieux que les anciens, il faut se servir de ce qu'ils ont dit et à leurs découvertes en ajouter de nouvelles. Mais comment ajouter lorsqu'on n'a pas d'avoir, lorsqu'on ignore tout ou qu'on renverse tout ? Et comment la génération présente serait-elle meilleure ou plus riche que celle qui l'a précédée, si elle la méprisait au point de vouloir ne rien recevoir de ses mains ? Où il n'y a point de passé, le présent est toujours au début ; n'ayant rien trouvé, il a tout à faire par lui-même. Et l'*avenir* ne sera pas mieux partagé que le *présent*, puisqu'il devra, comme lui, *commencer* son œuvre et la faire de toutes pièces, sans aide ni appui d'aucune sorte.

C'est le cas de redire le mot de Fontenelle : « Nous autres modernes, nous sommes supérieurs aux anciens, car, étant montés sur leurs épaules, nous voyons plus loin qu'eux. » Si l'on ne monte sur les épaules des anciens, comment verrait-on plus loin qu'eux ?

S'il est nécessaire d'avoir un point de départ, il ne l'est pas moins d'avoir un *but* ou un *terme*. Si l'on marche, c'est pour arriver un jour quelque part : marcher pour marcher, toujours marcher sans savoir où l'on va ni si l'on arrivera, ou plutôt avec la certitude de ne jamais arriver, est-ce progresser ?

« Quel est donc le terme final du progrès humain ? Telle est la question supérieure qui se pose inévitablement devant l'intelligence qui veut fonder sur une base solide la doctrine du progrès, car ici, plus que partout ailleurs, il faut dire à l'homme : « En toute chose regarde la fin... »

« A cette question souveraine : Où est le terme final du progrès humain ? la philosophie contemporaine, des sommets de sa métaphysique, sourit et répond : Hommes simples que vous êtes, vous demandez où est le terme du progrès ? mais *le terme n'existe pas*. Pour constituer le second élément doctrinal du progrès, elle fait exactement l'opposé de ce que nous faisons : au lieu de montrer la fin, elle la supprime. Elle nous dérobe le but, et, nous montrant du doigt devant nous des ouvertures infinies, elle dit à tout homme  comme à l'humanité entière : « Va de siècle en siècle, de transformation en transformation, poursuivre dans le lointain de ton avenir les marches éternelles de ton progrès infini. *L'indéfini*, pris dans son sens le plus rigoureux et le plus métaphysique, tel est, dans cette théorie nouvelle du progrès, le mot sacramentel (1). »

Seulement le mot indéfini n'explique rien ; il est le synonyme d'*indéterminé*. En d'autres termes, il n'a rien de commun avec la science qui aspire au contraire à *déterminer*, à définir son objet, lequel reste toujours vague et confus pour la connaissance vulgaire.

Si, en toutes choses, l'indéfini est le signe certain de l'ignorance, le progrès indéfini est la négation même du progrès, car il supprime un de ses éléments les plus essentiels, le *terme*, la *fin*, après avoir supprimé déjà le point d'appui et la liberté.

III. La théorie condamnée par l'expérience. — L'école évolutionniste veut que le progrès soit nécessaire, universel, continu et indéfini, c'est-à-dire illimité.

Une première remarque à faire, c'est qu'elle a contre elle les *faits* les plus faciles à constater.

La *nature* sans doute est soumise à des lois dont elle ne saurait dévier, tant qu'elle est laissée à elle-même ; abstraction faite de l'intervention d'un agent supérieur, elle ne peut moins faire d'aller toujours d'un pas régulier dans les mêmes voies. Si donc on la croit capable de quelque progrès, ce progrès devra être irrésistible et continu.

Mais qui oblige de supposer que l'activité *humaine* doit s'exercer fatalement comme celle de l'animal, de la plante ou de l'atome ? quelles raisons a-t-on su découvrir

---

(1) Le P. Félix, *Le Progrès par le Christianisme*, 3ᵉ confér.

pour faire de la psychologie une dépendance de la phy-
siologie, et de celle-ci une application de la physique et
de la mécanique ? L'homme se croit libre, il a conscience
de sa liberté, il sent en lui une volonté supérieure au
destin « *fatis avulsa voluntas* ».

Par suite, s'il est vrai qu'il y ait progrès dans l'homme
moyennant le bon usage de ses facultés, ce progrès
devra être parfaitement volontaire. Ce n'est pas le
progrès qui pousse fatalement l'humanité, c'est l'humanité qui produit le progrès suivant les lois de sa nature.

Voilà bien ce que nous apprend l'histoire des individus et des peuples sans exception. On voit des individus, on voit des peuples qui *avancent*, qui s'élèvent à
des hauteurs admirables, on en voit qui *reculent*, on
en voit enfin qui demeurent *stationnaires*.

De plus, la faculté d'avancer ne se trouve pas chez
tous au même degré. Les peuplades sauvages de l'Afrique et de l'Amérique semblent bien déshéritées sous ce
rapport ; les nègres du centre de l'Afrique, les indiens
du nord de l'Amérique en particulier, sont demeurés à
peu près dans l'état où les ont trouvés les premiers
voyageurs qui les ont décrits.

Un degré plus élevé de civilisation, de quelque manière qu'il se soit produit, n'est pas non plus une ga-
rantie nécessaire de la continuation du progrès : l'Inde
et la Chine en fournissent un incontestable témoignage.
Ces deux peuples d'ailleurs bien doués et qui, en des
temps fort reculés, possédèrent une littérature brillante,
semblent, depuis de longs siècles, frappés d'immobilité
et d'une sorte de torpeur.

Enfin, des pays très nombreux, l'Asie mineure, la
Mésopotamie, la Syrie, l'Egypte, et d'autres qu'il est
inutile de citer, nous montrent que la civilisation la

plus brillante n'est point un don permanent qu'assure à certaines nations une sorte de monopole perpétuel.

En résumé, pour quiconque voit les faits sans prévention, la loi du progrès universel, continu et fatal, telle que les positivistes l'ont imaginée, ne se trouve vérifiée *nulle part*. Tout au contraire, elle reçoit un démenti formel de l'histoire aussi bien que de la nature humaine.

IV. Fausseté du point de départ. — D'ailleurs, elle repose sur une conception absolument fausse, la conception de l'*évolution universelle*. Nous l'avons dit, ses partisans mettent à l'origine la matière pure, dont ils tirent, par une série de métamorphoses bien plus extraordinaires que celles de la fable, la vie d'abord, la sensibilité ensuite, et enfin la pensée et la volonté.

Nous demandons en premier lieu si Spencer, Stuart Mill ou M. Taine ont jamais sérieusement entrepris de démontrer qu'il n'y avait au commencement que la matière et le chaos. Lorsqu'on rejette avec un superbe dédain la théologie et la métaphysique, sous prétexte que ces sciences n'ont pas de procédés sérieux et de critériums infaillibles, on devrait procéder soi-même avec une rigueur vraiment scientifique, ne rien supposer *a priori* et ne jamais rien avancer sans le contrôle préalable de l'expérience.

On affirme encore que la vie vient de la matière, la sensation de la vie, et la pensée de la sensation. Est-ce la science qui établit cette généalogie merveilleuse, ce transformisme continu et universel ? Elle dit précisément le contraire. Impuissante à formuler une définition de la matière, de la vie, de la sensibilité et de l'esprit, elle constate que ces quatre termes sont absolument *irréductibles* et que jamais, jusqu'à ce jour (et il y a bien longtemps que le monde existe), la nature n'a su passer de l'un à l'autre. Un abîme profond les sépare : aucun pont n'a pu être jeté entre ces deux rives mystérieuses.

D'ailleurs, la métaphysique (si le mot fait peur, disons : la raison) vient en aide à la science et donne comme un *dogme absolu* ce que celle-ci présente seulement comme un *fait universel*. Quelle que soit la nature intime de la pensée, de la sensibilité, de la vie et de la matière, la pensée dit quelque chose de plus que la sensibilité, la sensibilité quelque chose de plus que la vie, et la vie, à son tour, a quelque chose que ne possède pas la matière.

Je trouve la vie dans toutes les plantes et la sensation dans tous les animaux, petits ou grands, ici plus obscure et plus rudimentaire, là plus riche et plus débordante, mais enfin toutes les plantes vivent et tous les animaux sentent. Or le degré ne change pas l'espèce, comme dit l'École, « *magis et minus non mutat speciem* ».

Que prétend la philosophie évolutionniste ?

Elle supprime la *sagesse* et l'*esprit* à l'origine des choses, elle ne met que la matière *pure* et elle la fait *éternelle, nécessaire* et *indépendante,* ce qui déjà se trouve opposé à l'idée qu'on doit s'en faire d'après la raison et l'expérience. Car, s'il est au monde quelque chose d'imparfait, de dépendant et de changeant, par suite de contingent et de relatif, c'est à coup sûr la matière, l'indéterminée, l'indifférente, l'inerte matière.

Avec cette matière *pure* où tout est mécanique, diffus et instable, on veut faire la vie, la vie où se montre la spontanéité, où éclate la finalité, où tout s'enchaîne et se coordonne vers un but commun, où il y a évolution, développement, suivant une idée *directrice* et un *type invariable,* où, d'après Claude Bernard, la physique et la chimie se voient *subordonnées* à une force *supérieure* qui les emploie à son usage, comme ferait un chimiste dans son laboratoire.

Cependant la plante ne connaît pas, elle ne connaît à aucun degré, et l'âme végétative, monade silencieuse et solitaire, enfermée tout entière dans l'organisme qu'elle informe, n'entretient aucun commerce avec le monde extérieur. On la charge de donner le jour à l'animal, doué de la faculté de sentir, et partant de connaître, d'éprouver des inclinations et des passions, d'aller, à son gré, d'un lieu à un autre, de pourvoir à ses besoins, de rechercher ce qui lui est utile et d'éviter, de repousser même ce qui serait nuisible à son bien.

Mais l'animal n'a que des connaissances particulières et de l'ordre physique ; il n'a pas même le soupçon de l'immatériel et de l'universel ; il ignore ce que c'est que généraliser et réfléchir, il suit ses instincts et ses passions sans pouvoir les dominer jamais ; tout en lui est soumis à l'organisme, asservi à la matière, enfermé dans le temps et l'espace.

N'importe, il faudra que l'animal enfante l'homme, que la sensibilité se transforme en intelligence, que la pensée soit la résultante de la sensation et la liberté de la passion aveugle.

La nouvelle école va jusque-là. Elle trouve absurde que l'infini ait pu créer le fini, que la sagesse suprême puisse rendre compte de la matière et lui donner des lois. Mais elle trouve raisonnable de tirer l'ordre du chaos, le déterminé de l'indéterminé, les lois du hasard, la liberté de la nécessité, la pensée de la matière.

Nous prétendons, au contraire, que c'est tirer le *plus* du *moins*, le *divers* de l'*identique*, l'harmonie de la confusion, et que cela est contradictoire et par conséquent impossible.

L'étendue est *néant* par rapport à la vie, la vie *néant* par rapport à la sensation, et la sensation *néant* par rapport à la pensée : tout cela est d'un *autre* ordre et le premier attribut n'a aucune relation avec le second. Or le néant ne peut rien produire, bien plus, il ne saurait pas trouver les premiers matériaux pour une œuvre quelconque.

V. Insuffisance de ses moyens. — M. Renan invoque le *temps* et l'*idéal,* d'autres en appellent à l'influence du *milieu.* Le temps, nous assure-t-on, possède une fécondité merveilleuse, chaque être est poussé vers le mieux, vers l'idéal, par une irrésistible sympathie, et le milieu, grâce à une vertu magique, complète l'œuvre de l'idéal et du temps.

C'est bien le cas de rappeler le mot du poète :

> Sunt verba et voces prætereaque nihil.

Le *temps,* il est vrai, seconde l'activité des êtres, en lui donnant la durée, mais, cette activité, il la suppose, il ne la crée pas, il n'en change pas la nature ou l'espèce. Il ne fait pas que la vile matière devienne une rose, la rose un oiseau, l'oiseau un lion. A proprement parler, le temps ne possède aucune activité, n'exerce aucune influence ; il n'apporte donc aucun élément nouveau dans la question.

*L'idéal,* dites-vous, attire la nature et la pousse à s'élever toujours plus haut. L'idéal ! Et comment attirerait-il la nature, puisqu'il suppose l'esprit, et que l'esprit, d'après vous, est le produit de la nature et de la matière ? Je conçois l'idéal dans la doctrine spiritualiste qui place Dieu à l'origine des choses, car alors l'idéal représente la pensée de l'éternelle sagesse qui préside à tout ce qui *devient* et dirige le mouvement de tout ce qui se meut. Mais l'idéal, en l'absence de tout esprit, n'est qu'une abstraction, et une abstraction ne donne ni le mouvement, ni la vie, ni rien de réel.

Il n'y a point d'aspiration dans la matière, ni dans la plante, ni même, à proprement parler, dans l'animal : en conséquence ces êtres divers demeurent parfaitement étrangers à l'action et aux sollicitations de l'idéal.

Quant au *milieu,* nous devons lui reconnaître une vertu plus réelle et plus générale qu'à l'idéal et même qu'au temps. Le milieu, c'est l'espace avec l'ensemble des êtres qui entourent chaque chose et lui font sentir leur action bienfaisante ou nuisible, rarement indifférente. Nul être créé n'a le pouvoir de se soustraire entièrement à l'influence du milieu ; bonne ou mauvaise, légère ou profonde, il la subit toujours.

Néanmoins, l'expérience nous apprend que l'action du milieu ne va pas jusqu'à l'essence, jusqu'au fond intime des choses. Elle modifie, mais ne transforme pas, elle produit des nuances et non pas des espèces. Combien d'êtres différents, hommes, plantes, animaux, qui se trouvent dans le même lieu ! Combien d'êtres semblables qui subsistent en des milieux divers ! Combien qui, par leur énergie propre, *résistent* avec succès à toute action extérieure (1) !

D'ailleurs, cette action, pour être efficace, suppose toujours une certaine *prédisposition* dans le sujet qui la reçoit, autrement elle glisse sur lui et l'effleure à peine. — Rappelons-nous aussi que la théorie évolutionniste n'admet à l'origine des choses que la matière

---

(1) « **Autant** la diversité des animaux et des plantes qui vivent dans des circonstances physiques identiques démontre l'indépendance où sont, quant à leur origine, les êtres organisés du milieu dans lequel ils résident, autant cette même indépendance devient de nouveau évidente quand on considère que des types identiques se rencontrent partout sur la terre, dans les circonstances les plus variées... Il y aurait à écrire un volume sur l'indépendance où sont les êtres organisés des agents physiques. » (Agassiz, Leçon publiée dans la *Revue des cours scientifiques,* 2 mai 1868.)

pure ; or il se trouve que le milieu a sur la matière pure une influence tout à fait restreinte, pour ne pas dire absolument nulle.

Il demeure donc établi que les divers *facteurs* invoqués par nos adversaires, en faveur du progrès indéfini, n'ont ni ne sauraient avoir l'influence qu'ils leur attribuent avec tant de complaisance.

---

## CHAPITRE II

### Le Progrès.

I. ORIGINE ET HISTOIRE DE L'IDÉE DE PROGRÈS. — On se tromperait beaucoup si on rangeait cette idée au nombre des découvertes modernes. Les anciens, bien loin de l'avoir ignorée ou méconnue, en ont tout au contraire parlé en excellents termes. Nous nous bornerons à rappeler ici deux témoignages, empruntés, l'un au v⁰, l'autre au xiii⁰ siècle.

Le premier nous est fourni par Vincent de Lérins qui définit très heureusement la nature du progrès, en proclame la légitimité, en démontre la possibilité, la nécessité même au sein de la religion de Jésus-Christ, que plusieurs se représentent comme enchaînée et figée dans une immobilité systématique.

« Quelqu'un dira peut-être : N'y aura-t-il aucun progrès de la religion dans l'Eglise de Jésus-Christ ? Il y en a un au contraire et un très grand. En effet, qui est celui qui serait assez *jaloux* des hommes et assez *haï* de Dieu pour essayer d'empêcher ce progrès ? Mais il faut que ce soit un *progrès* de la foi et non un *change-ment. Le progrès consiste en ce qu'une chose s'accroît en restant la même ; le changement a lieu quand une chose se transforme en une autre*. Qu'ainsi donc croisse et se développe avec abondance, d'âge en âge et de siècle en siècle, chez les individus comme dans le corps entier de l'Eglise, la sagesse, la science, l'intelligence, mais que ce soit dans la même pensée, dans le même sens et dans la même croyance. Que la religion des âmes suive la loi qui régit les corps, qui, bien qu'ils se développent dans le cours des années, restent cependant toujours les mêmes. Il y a une grande différence entre la fleur de la jeunesse et la maturité de la vieillesse, mais ce sont les mêmes personnes avec leur même nature qui passent par ces différents âges. Les membres vigoureux de l'adulte sont les mêmes qui étaient tendres et faibles chez l'enfant. Les organes mêmes qui ne se développent qu'assez tard existent à l'état rudimentaire dans l'embryon, et il n'y a rien dans le corps du vieillard qui ne soit déjà dans celui du petit enfant. »

Ecoutons maintenant saint Thomas d'Aquin. « Il appartient à la nature de l'homme de se servir de la *raison* pour la recherche de la vérité. Par suite, l'homme doit avancer lentement et progressivement dans la découverte de la vérité... et le *temps seul* permet de faire les grandes découvertes et d'arriver aux dernières précisions. Non que le temps coopère réellement et par lui-même à cette œuvre difficile ; mais plutôt parce qu'elle s'accomplit *dans* le temps. Car si quelqu'un s'applique à la recherche de la vérité, le temps ne peut manquer de lui apporter un précieux concours, en lui permettant de voir dans la suite ce qu'il n'avait pas vu tout d'abord.

La même chose arrivera pour ceux qui viendront après : s'inspirant des découvertes de leurs devanciers, ils en feront à leur tour de nouvelles. C'est ainsi que les *sciences* et les *arts* ont progressé ; ce qu'on en savait au commencement était *fort imparfait*, ce qui a été ajouté à ces premières découvertes est *très considérable*, chacun ajoutant sa pierre à l'édifice intellectuel commencé par ses prédécesseurs.

« Toutefois, le phénomène *contraire* pourrait également se produire. Si l'on venait à négliger l'étude et les recherches, le temps, suivant la remarque d'Aristote, serait plutôt une cause d'oubli et de décadence, soit pour tel homme en particulier, soit pour tous les hommes en général. Et c'est là ce qui explique comment plusieurs sciences assez florissantes chez les anciens sont peu à peu tombées, faute d'être cultivées par leurs successeurs (1). »

Ce n'est point là, comme on pourrait être tenté de le croire, une doctrine isolée au moyen âge : elle est également professée par Guillaume d'Auvergne (2), Albert le Grand (3), Vincent de Beauvais (4) et Roger Bacon (5).

Dans des temps plus rapprochés du nôtre, l'idée de

(1) « Ad hominis naturam pertinet ratione uti ad veritatis investigationem. Et ideo ad hominem pertinet paulatim in cognitione veritatis proficere... Videtur tempus esse quasi *adinventor* vel bonus *cooperator* : non quidem quod tempus *per se* ad hoc aliquid operetur, sed secundum ea quae in tempore aguntur. Si enim aliquis tempore praecedente, det operam investigandae veritati, juvatur ex tempore ad inveniendam veritatem, et quantum ad unum eumdemque hominem, qui postea videbit quod prius non viderat, et etiam quantum ad diversos, utpote cum aliquis intuetur ea quae sunt a praedecessoribus inventa, et ipse superaddit. — Et per hunc modum facta sunt *additamenta* in artibus, quarum, in principio, aliquid *modicum* fuit adinventum, et postmodum per diversos paulatim profecit in *magna quantitate*, quia ad *quemlibet* pertinet superaddere id quod deficit in consideratione praedecessorum. »

« Si autem e contrario exercitium studii praetermittatur, tempus est magis causa *oblicionis*. Unde videmus *multas* scientias quae apud *antiquos* viguerunt, paulatim cessantibus studiis, in oblivionem abiisse. » (*In I Ethicor.*, lect., 11, et *in III Politicor.*, lect. 8ᵃ.

(2) *De anima*, capitul. VI, part. 3ᵃ.

(3) *De Elenchis*, l. II, tr. 5, c. I, l. 1.

(4) *Speculum doctrinale*, l. I, c. XXXVI.

(5) *Opus majus*, 1ᵃ pars, c. III, VII, et *Compend. philos.*, 1ᵃ pars.

progrès a préoccupé un grand nombre d'esprits. Bacon y revient plusieurs fois dans le *De dignitate et augmento scientiarum*, et dans le *Novum organum*.

Pascal, plus explicite encore, nous trace une belle peinture « de cet homme universel..., un même homme qui subsiste toujours et qui apprend continuellement, de sorte que les hommes se trouvent aujourd'hui dans le même état où se trouveraient les anciens philosophes s'ils pouvaient avoir vieilli jusqu'à présent, en ajoutant aux connaissances qu'ils avaient celles que leurs études auraient pu leur acquérir à la faveur de tant de siècles (1). »

D'après l'auteur des *Pensées*, ce qui caractérise l'homme, c'est précisément cette faculté de progresser mise en lui par la nature, tandis que la part de l'animal est l'immobilité. « La nature les instruit (les animaux) à mesure que la nécessité les presse ; mais cette science fragile se perd avec les besoins qu'ils en ont ; comme ils la reçoivent sans étude, ils n'ont pas le bonheur de la conserver, et toutes les fois qu'elle leur est donnée, elle leur est nouvelle, puisque la nature n'ayant pour objet que de maintenir les animaux dans un cercle de perfection bornée, leur inspire cette science simplement nécessaire toujours égale, de peur qu'ils ne tombent dans le dépérissement, et ne permet pas qu'ils y ajoutent, de peur qu'ils ne passent les limites qu'elle leur a prescrites. *Il n'en est pas de même de l'homme, qui n'est produit que pour l'infinité* (2). »

Chez Bacon et chez Pascal la théorie du progrès est restreinte « aux sujets qui tombent sous le sens et le raisonnement ».

_________

(1) *Pensées, De l'autorité en matière de philosophie.*
(2) Ibid.

Oubliée, négligée, quelquefois obscurcie dans les écrits de Voltaire, de Rousseau, de Diderot, de Montesquieu, elle est adoptée et défendue avec chaleur par Turgot qui en fait une application particulière aux questions sociales (1).

Avec d'Alembert et Condorcet (2) elle prend un caractère ouvertement irréligieux et révolutionnaire, et s'égare dans le vague d'un rêve orgueilleux.

II. NATURE DU PROGRÈS. — Progrès, *progredi*, veut dire marcher, avancer. Un être qui progresse est un être qui s'agrandit, se développe, s'élève et se fortifie. Il devient ou plus *grand*, ou *meilleur ;* et s'il lui est donné d'atteindre toute la perfection que comporte sa nature, il arrive au faîte du progrès qui lui est dû.

Un être progressif est donc tout ensemble imparfait et capable de perfection : imparfait, puisqu'au point de départ il n'a pas la perfection qu'il doit acquérir ; capable de perfection, puisqu'il l'acquiert par ses efforts et le rayonnement de son activité.

Placé plus haut dans l'échelle des êtres, il n'aurait pas besoin de se développer et de s'agrandir ; il serait dès le principe, en vertu même de la richesse de sa nature, tout ce qu'il peut et tout ce qu'il doit être. Dieu et l'ange ne progressent pas, non plus que les bienheureux, parvenus au terme et fixés pour toujours dans la perfection et la félicité.

L'homme, nous le verrons plus loin, est la créature progressive par excellence. Il part de très bas et il peut, il doit même s'élever très haut.

Dans le progrès il y a changement, mais non pas

_______

(1) « L'univers envisagé en grand, dans tout l'enchaînement, dans toute l'étendue de ses progrès, est le spectacle le plus glorieux de la sagesse qui y préside. » Cette idée fait l'objet de deux célèbres discours que Turgot prononça en 1749.

(2) *Esquisse d'un tableau historique de l'esprit humain.*

changement complet, car c'est un seul et même être qui part d'abord, marche ensuite et enfin arrive au terme. Le progrès suppose donc un élément *stable* et un élément *mobile*, quelque chose qui était déjà et qui demeure, quelque chose qui n'était pas et qui devient. Une révolution qui fait table rase du passé n'est pas un progrès, l'immobilité non plus.

Ainsi, qui dit progrès dit *évolution* et non pas *révolution*, c'est-à-dire changement *accidentel* et non pas *substantiel,* changement de l'imparfait au parfait et du bien au mieux. Du gland obscur au chêne majestueux la distance est grande ; et cependant le chêne était renfermé tout entier dans son germe ; le germe s'est développé, il a produit au dehors toute sa vertu, le gland est devenu chêne.

L'homme parvenu à sa maturité, en pleine possession de toutes ses puissances et de toutes les ressources de sa nature, est bien grand si on le compare à l'enfant qui vient de naître, et cependant son essence n'a pas changé, c'est un seul et même individu. L'homme n'est qu'un enfant qui a grandi. L'enfant, c'est un homme en puissance, comme le disciple qui est capable de devenir maître à son tour.

III. Erreur du transformisme. — Les partisans du transformisme se sont trompés dans leurs raisonnements. Ils croyaient pouvoir étayer leur système sur les découvertes récentes de *l'embryologie.* Mais l'embryologie s'est tournée contre eux, car elle est venue déposer en faveur *de la stabilité des espèces.* A l'origine tous les germes se ressemblent, et l'œuf ne laisse pas deviner l'animal qu'il recèle. Eh bien ! cet œuf, en qui vous ne voyez encore aucune forme arrêtée, a cependant une essence *propre* et *immuable ;* c'est d'après un type *invariable* qu'il se développera, et une idée *direc-*

*trice,* à la fois originale et constante, présidera à la série tout entière de ses évolutions.

Le vivant est engendré par un vivant, et le *même engendre le même.* Pouvait-on espérer un argument plus fort contre l'opinion transformiste et le progrès indéfini ?

Vainement a-t-on tenté les croisements les plus divers et la *sélection* la plus savante. On a multiplié, à force de soins, les nuances et les *variétés,* on n'a pu produire *aucune espèce* nouvelle, ou du moins aucune espèce durable et capable de se reproduire.

IV. Conditions du progrès ; facultés auxquelles il s'applique. — Nous avons fait consister le progrès dans un développement, dans un épanouissement de l'individu qui en est le théâtre. Tout être capable de grandir, de devenir plus fort ou meilleur, sera par là même capable de progrès. En ce sens, on peut dire que la plante est progressive, que l'animal est progressif ; l'un et l'autre se développent en vertu d'une énergie propre et interne.

Mais ce progrès nécessaire est suivi, après un temps plus ou moins long, d'une décadence fatale, inévitable. La plante, l'animal naissent, grandissent, puis demeurent un instant stationnaires, déclinent bientôt et ne tardent pas à mourir.

De plus, ici le progrès appartient à *l'individu,* mais non pas à *l'espèce.* Les animaux d'aujourd'hui ne sont pas plus habiles que ceux d'autrefois, nos hirondelles font leurs nids comme les anciennes et les araignées disposent toujours leur toile de la même manière (1).

C'est que l'animal est privé de *réflexion* et de *liberté,*

_______

(1) « Omnis aranea facit similiter telam, quod non esset si ex seipsis per artem operantes opera sua disponerent, et propter hoc non est in eis liberum arbitrium. » (S. Thomas, *in II Sent.,* dist. xxv, p. 1, a. 2, 7.)

il ne sait faire ni observations ni expériences, il ignore
l'art de s'élever à des conceptions *générales*, à des principes qu'il puisse ensuite appliquer aux mille circonstances de la vie. Comme la nature, « il va toujours un
même train », il ne peut élever sa condition, il ne devient
ni meilleur ni plus mauvais, et c'est là un des caractères
les plus propres à montrer qu'il possède une nature
absolument différente de celle de l'homme (1).

De même, chez l'homme, la *sensibilité* ne se montre
point *par elle-même* susceptible de progrès ; sous ce
rapport, l'espèce humaine n'est pas aujourd'hui meilleure qu'elle n'a été. C'est que la sensibilité ne se
débarrasse jamais des notions *particulières* et *con-
crètes*, et la source du progrès, nous le disions tout à
l'heure, est tout entière dans les principes généraux
qui contiennent en eux-mêmes toute une moisson de
conséquences applicables à tous les temps et à tous les
lieux.

Voilà pourquoi, suivant la belle doctrine de saint Thomas, la *raison* humaine, qui est par excellence la
faculté de la comparaison et de la généralisation, peut
se prêter à toutes sortes de progrès. Et cela est également vrai de la raison spéculative et de la raison pratique, des sciences abstraites et des sciences morales.
En effet, la raison humaine s'enrichit par l'observation
et par l'expérience, par l'abstraction et la comparaison ;
c'est par de tels procédés qu'elle arrive ensuite à des
lois de plus en plus générales et d'autant plus fécondes,
qu'en vertu même de leur universalité, elles s'appliquent

(1) « Qui verra seulement que les animaux n'ont rien inventé de
nouveau depuis l'origine du monde, et qui considérera d'ailleurs tant
d'inventions, tant d'arts et de machines, par lesquelles la nature
humaine a changé la face de la terre, verra aisément par là combien
il y a de grossièreté d'un côté, et combien de génie de l'autre... Qui
ne sait que la moindre invention est d'un ordre supérieur à ce qui
ne fait que suivre ? » (Bossuet, *Conn. de Dieu et de soi-même*,
c. 5°, § 7 et 8.)

à un plus grand nombre de cas. Le Docteur Angélique
en appelle à l'histoire pour établir les progrès réalisés
dans le temps par la raison pure et par la raison
appliquée (1).

La *volonté*, faculté immatérielle comme la raison, et
qui reçoit d'elle la lumière, est pareillement une faculté
progressive.

V. PROGRÈS DE L'ESPÈCE HUMAINE. — Il nous faut
entrer dans le détail, et de peur de tomber dans une
confusion inévitable, faire plusieurs distinctions nécessaires.

Posons d'abord ce principe, que le progrès (de l'espèce) suppose des trésors amassés par les ancêtres,
transmis par eux à leurs descendants, augmentés encore par ceux-là, qui les transmettront à leur tour avec
les nouveaux accroissements qu'ils auront réussi à leur
donner. Pour qu'il y ait progrès, il faut qu'un *héritage*
quelconque ait été *recueilli* et *donné* par les uns, qu'il
ait été *accepté*, religieusement *conservé* et plus ou moins
*augmenté* par les autres. Ne supprimez aucune de ces
conditions, car il n'y a pas de raison pour supposer
que le fils fera mieux que son père, s'il n'a rien reçu de
lui, et rien ne prouve que les hommes de ce temps aient
plus de génie que ceux qui les ont précédés.

La *moyenne* des hommes demeure sans doute à peu
près stationnaire aux différentes périodes de l'histoire.

Quant au *génie*, il ne se dévoile que dans des *appa-
ritions* rares et passagères, et il serait difficile d'établir

_______________

(1) « Humanæ rationi naturale esse videtur ut gradatim ab imper-
fecto ad perfectum perveniat. Unde videmus in scientiis speculativis,
quod qui primo philosophati sunt, quædam imperfecta tradiderunt,
quæ postmodum per posteriores sunt tradita magis perfecte. Ita
etiam et in operabilibus ; nam primi qui intenderunt invenire aliquid
utile communitati hominum, non valentes omnia ex seipsis consi-
derare, instituerunt quædam imperfecta, in multis deficientia, quæ
posteriores mutaverunt, instituentes aliqua quæ in paucioribus deficere
possunt a communi utilitate. » (1 a 2 æ, q. XCVII, a. 1, c.)

si les hommes illustres des premiers temps l'emportent
sur ceux des temps modernes, ou réciproquement, si
César était un plus grand capitaine que Napoléon,
Dante un plus grand poëte que Virgile, Corneille un
plus grand tragique que Sophocle, Bossuet un plus
grand orateur que Démosthènes.

Non, rien ne prouve que la Providence doit avec le
temps créer des hommes et des génies supérieurs, et ce
n'est pas en ce sens que l'on peut soutenir victorieuse-
ment la thèse du progrès.

Mais si nous supposons un héritage transmis par
les anciens et augmenté, fécondé par le travail des
modernes, le trésor ne pourra moins faire que de
s'accroître avec les années. Or, le patrimoine de l'humanité, comme la richesse de l'homme, peut appartenir
à trois ordres divers, l'ordre *matériel*, l'ordre *intellectuel* et l'ordre *moral*.

VI. PROGRÈS MATÉRIEL. — Quel est celui de ces trois
ordres qu'on doit considérer *a priori* comme se prêtant
*davantage* à la cause du progrès? C'est le dernier en
importance et en dignité, mais le mieux adapté à la
condition et aux forces de l'homme, nous voulons dire
l'ordre matériel. D'une part, c'est dans le domaine de
la matière que l'observation et l'expérience peuvent
s'exercer avec le plus de *facilité* et de *succès*, que les
découvertes peuvent se multiplier en plus grand
nombre. D'autre part, c'est dans ce domaine aussi que
l'homme jouit de toute la *supériorité* de sa nature ;
étroitement unie au corps qu'elle anime, l'âme se porte
avec plaisir, avec force, vers les choses sensibles,
tandis qu'elle ne s'élève qu'avec beaucoup de peine vers
l'intelligible et l'immatériel.

Ajoutez que l'homme n'a aucune raison de refuser la
succession de ses ancêtres, pour tout ce qui regarde les

biens du corps et du temps. Au contraire, son *intérêt* actuel, son intérêt pressant le porte à la recevoir avec empressement et à l'augmenter de toutes ses forces.

D'ailleurs, les découvertes scientifiques et naturelles sont *définitives*, les démonstrations mathématiques sont sans réplique et se peuvent établir par des faits constants, tangibles, ou par des preuves rigoureuses, à la portée de l'esprit le plus vulgaire.

VII. PROGRÈS INTELLECTUEL ET MORAL. — Si des sciences de la matière on s'élève aux sciences de l'esprit et du cœur, si de la spéculation on passe à la morale, il en va tout autrement. La métaphysique a des procédés aussi certains, des démonstrations aussi rigoureuses que la physique et les mathématiques elles-mêmes, mais ses preuves sont bien moins accessibles à la majorité des hommes, son objet est *transcendant*, elle n'a aucun rapport avec *l'utile* et le bien-être.

C'est en vain qu'Aristote ou saint Thomas ont, à force de génie, créé la science de l'être et du bien, si les Cartésiens ou les Ecossais doivent la *négliger* comme problématique ou mal faite, et les positivistes la *rejeter* comme surannée et frivole.

Pour la pratique de la *vertu*, que de difficultés nouvelles viennent s'ajouter aux obscurités possibles de l'esprit! Ici, comprendre ne suffit pas, comprendre est peu de chose, il faut agir, il faut éviter le mal et faire le bien, il faut surmonter les obstacles et vaincre les passions. Or, tout cela est *individuel,* et, sous ce rapport, les hommes de nos jours ne semblent pas mieux doués que ceux d'autrefois. Les passions sont de tous les temps et partout *identiques,* parce que la nature humaine ne change pas, et que, à travers tous les âges, on la retrouve semblable à elle-même, faible, mobile, inconstante et portée au mal.

Je suppose que Kant (plusieurs le croient à tort) ait fondé la *canonique* de la raison *pratique* et donné à la science des mœurs une base inébranlable. Au point de vue de la vertu, en serai-je beaucoup plus avancé ? D'abord, il faudra que j'étudie et que je comprenne Kant, et ce premier travail sera peut-être au-dessus de mes forces.

Mais si j'ai le bonheur de comprendre le Philosophe de Kœnigsberg, il me restera encore à remplir la partie la plus difficile de ma tâche, c'est-à-dire à suivre ses préceptes et ses conseils, à établir ou à réformer ma vie dans le sens de l'*impératif catégorique*. Pour une œuvre de ce genre, les préceptes ont bien peu d'efficacité, il me faudrait de la force et les livres n'en donnent point.

Peut-être ai-je eu l'insigne bonheur de recevoir de mon père, de mes amis, de tous ceux qui m'entourent, d'excellents exemples : cela, c'est l'enseignement le plus clair, le plus éloquent et le plus fort. Mais si j'ai une mauvaise *nature*, que je sois emporté ou indolent, tout de feu pour le plaisir, tout de glace pour le bien et les sacrifices qu'il demande ; que je n'aie point assez de courage pour me vaincre moi-même, je retirerai peu de fruit de la vertu de mon père et de mes amis.

Ainsi donc, en *morale*, les difficultés ne changent pas, l'héritage des anciens n'est pas nécessairement accueilli, et, par suite, le progrès doit être *relatif* et *intermittent*.

VIII. Témoignage de l'histoire. — Jusqu'ici nous avons seulement invoqué la philosophie et raisonné d'après la nature même des choses. Si maintenant nous voulions étudier l'histoire, elle apporterait, croyons-nous, une éclatante confirmation à nos théories.

Les sciences de la *matière* et de la *nature* ont fait, de nos jours surtout, des progrès considérables. La *physique*, la *chimie*, les *mathématiques*, pour ne citer qu'elles, nous ont révélé des merveilles que nos pères auraient jugées incroyables. De la théorie on est passé à la pratique, toutes ces découvertes ont été exploitées de mille manières pour l'utilité, la commodité et le bien-être de l'homme.

Dieu avait dit à nos premiers parents, après leur avoir donné sa bénédiction : « Croissez et multipliez-vous ; remplissez la terre, assujettissez-la et dominez sur les poissons de la mer, sur les oiseaux du ciel et sur tous les animaux qui se meuvent sur la terre (1). » Sur ce point Dieu a été *obéi* des hommes : la matière leur est soumise ou à peu près.

Malheureusement, la science des premiers *principes* et de *l'esprit*, la philosophie n'a point suivi la même marche ascendante. Peut-être les Ecossais ont-ils fait faire quelques progrès à la partie *descriptive* de la psychologie ; peut-être a-t-on, dans les temps modernes, appelé davantage l'attention sur certains *phénomènes* de l'âme et les conditions *physiologiques* qui les accompagnent ; peut-être encore les connaissances nouvelles obtenues sur les propriétés de la matière seront-elles de quelque secours pour la *cosmologie* ; mais par contre, que de lacunes, que d'erreurs dans la *logique*, l'*anthropologie*, la *métaphysique*, la *morale* elle-même, et quel abîme infranchissable entre Descartes, Kant, Spencer, d'une part, et de l'autre, Aristote, saint Augustin et saint Thomas !

(1) *Genèse*, I, 28.

Ce serait, d'ailleurs, se méprendre sur le caractère de la philosophie, que de la tenir pour une science progressive à la manière des sciences inférieures. Elle n'emprunte au temps ni *méthodes*, ni *procédés*, ni *instruments nouveaux* ; elle a, nous le reconnaissons, l'expérience et l'observation pour point de départ, mais une expérience *sommaire, générale* ; elle s'appuie ensuite sur les faits de l'âme, sur les données du sens intime, puis elle demande à la comparaison, à l'abstraction, à la généralisation la connaissance des premiers principes. Arrivée là, elle est au centre de son domaine ; aidée de la *synthèse*, qui est son principal organe, elle raisonne, elle déduit, et tire d'un *petit* nombre de principes une *infinité* de conséquences nécessaires, rigoureuses, plus vastes que l'homme et l'univers lui-même.

Or, qui ne le voit, l'*analyse* est ici au second rang, la *synthèse* occupe la première place. Pour réussir, il ne faut point s'enfermer dans un laboratoire, multiplier les expériences, soumettre les éléments des corps à de nouvelles combinaisons, s'arrêter avec une complaisance minutieuse aux moindres phénomènes de la nature ; il faut, après un rapide regard jeté sur le monde et les êtres divers qui le composent, descendre jusqu'à l'*essence* des choses, les embrasser dans leur ensemble, s'élever ensuite sur les sommets de l'intelligible, et parvenir enfin jusqu'à l'Être des êtres, jusqu'à la cause première, universelle. Ce n'est point en se penchant sur la matière et en fixant sa vue sur elle qu'on peut devenir philosophe, c'est, au contraire, en se dégageant d'elle le plus possible, pour concentrer les forces de l'esprit sur l'immatériel, sur le général et l'absolu.

Pour une œuvre de ce genre, Aristote était aussi bien doué que Bacon, et saint Thomas que Spencer ; le temps ne peut pas ajouter beaucoup au génie.

Nous dirons la même chose de l'*art*. Sans doute, nous avons vu de nos jours bien des essais de *vulgarisation*. Les procédés sont peut-être mieux étudiés, mieux connus. Mais l'art, considéré en lui-même, a-t-il réellement gagné, n'a-t-il même rien perdu en *élévation* et en *grandeur* ? Les poètes, les artistes modernes ont-ils une conception plus pure de l'*idéal*, en ont-ils vraiment reculé les limites ? Ont-ils fait pâlir l'étoile de Dante, de Phidias, de Raphaël, de Virgile et d'Homère ? qui l'oserait dire ?

« La loi du progrès, dit fort justement M. Caro, n'atteint que les données matérielles et scientifiques, les instruments et les méthodes, cette partie *extérieure* de l'art qui peut *s'enseigner* et se *transmettre* ; elle laisse en dehors l'art lui-même dans sa pure et libre essence, dans ses conditions intérieures, qui sont la sincérité de l'émotion et l'invention. Or, il n'y a ni recette empirique, ni formule savante qui contienne ce secret, qui puisse l'expliquer et le transmettre à d'autres.

Dans la sphère de l'art, passé un certain degré nécessaire, plus de *science* ne fera pas plus d'*invention*, plus de lumière ne fera pas plus de génie. Le moindre élève du Conservatoire sait mieux orchestrer un opéra que ne l'eût fait Haendel ou Pergolèse. Qu'importe ? Cela donnera-t-il la seule chose qui compte, l'*idée* ? Les *moyens* de l'art font des progrès, le *génie* de l'art n'en fait pas. Pourquoi cela ?... C'est que, tandis que la science est le résultat du *calcul* et de l'*expérience*, qui multiplient sans fin leurs sommes, l'art est le résultat du *sentiment* et de l'*imagination, qui ne s'accumulent pas et qui ne se transmettent pas* ; en ce sens, il est quelque chose d'*absolu*, de non perfectible par conséquent.

En tous lieux, en tout temps où les données premières ne font pas défaut, l'art a pu atteindre sa perfection intrinsèque, et n'est-ce pas pour l'artiste une magnifique grandeur que d'appartenir à cette race où chacun fait sa noblesse soi-même, sans espoir de dépasser ses aïeux, mais avec la certitude de n'être pas dépassé par ses descendants ?

A cette hauteur de vues, comme la trop fameuse *question des anciens et des modernes* paraît insignifiante, médiocre, mal engagée !... Ce qui est au savant est aux autres, *il donne tout ce qu'il a*. Le poëte *garde tout pour lui seul*, il ne peut rien communiquer de sa force ; mais aussi on n'y peut rien ajouter, tandis que toutes les générations antérieures ont travaillé pour augmenter celle du savant. Isaïe, Eschyle, Homère, Dante, Shakspeare, sont de grands *solitaires* dont nous relevons tous, mais qui ne relèvent de personne. Ils sont nos souverains ; les savants sont nos frères. Ceux-ci peuvent nous rendre savants comme eux-mêmes, il ne s'agit que de les étudier ; vous étudierez en vain les grands artistes, vous pourrez les copier, vous ne leur prendrez rien pour cela... Le savant représente l'humanité au point où l'humanité peut s'élever sur ses traces; l'artiste la représente à un point où seul il a pu s'élever (1). »

IX. Harmonie des trois ordres par une juste subordination. — Le progrès, avons-nous dit, c'est une marche vers le mieux, une ascension du bien imparfait au bien meilleur et plus grand. Dans l'homme, il y a le corps et l'âme, la matière, l'intelligence et la volonté. Un progrès véritablement humain devrait embrasser ces trois sortes de biens, sous peine de rompre l'*équilibre* et l'*harmonie*.

Mais dans l'homme, de même que le corps est pour

_______________

(1) *Problèmes de morale sociale*, ch. XIV.

l'âme, la connaissance est pour l'amour, c'est-à-dire pour la vertu. En conséquence, il faudra que le progrès matériel soit subordonné au progrès intellectuel, et celui-ci au progrès moral. Augmenter la fortune, le bien-être et la somme des plaisirs, ce n'est pas élever l'homme ni le rendre plus heureux. Ce ne sont pas les biens du corps qui font le *bonheur*, avant tout ce sont les biens de l'âme.

« Nous aurions beau, dirons-nous avec un auteur moderne déjà cité, nous aurions beau avoir moitié plus de chemins de fer et de télégraphes électriques, cela n'empêcherait pas qu'il n'y eût dans l'existence de l'humanité une irrécusable décadence, si par hasard le niveau de la dignité humaine avait baissé. »

Or, « il est démontré par la nature des choses et les leçons de l'histoire (de l'histoire contemporaine surtout) que l'homme peut, en *perfectionnant la matière*, se *dégrader* lui-même ; sa royauté peut devenir une servitude ; et il n'est pas impossible de voir ces deux phénomènes se rencontrant ensemble dans un même peuple et à un même point de la durée, le progrès matériel et la décadence humaine ; *l'homme régnant sur la matière, et la matière régnant sur l'homme* (1). »

Donc le progrès matériel est le progrès *inférieur*, le progrès le moins *humain*, le moins *social* : il n'a pour l'homme qu'une importance *secondaire*, qu'une valeur *relative*.

Ainsi, il faut prendre garde que le développement de l'industrie, au lieu de suivre le progrès des esprits, ne

_______

(1) Le P. Félix. *Le progrès par le Christianisme*, 4ᵉ conf. de N.-D. « Les améliorations introduites de nos jours dans l'ordre matériel ont conduit des esprits ardents ou inattentifs à penser que de pareils succès leur étaient réservés dans l'ordre moral... *Cette assimilation est une des erreurs de notre époque* ; et il est d'abord facile de constater qu'elle n'est nullement justifiée par les faits. » (Le Play, *La Réforme sociale*, t. I, Introd., 1, 2, 3 et 4.)

le dépasse, ne l'entrave et ne repousse les nations vers la décadence.

Quand il s'attache aux biens du corps, l'homme s'abaisse et se ravale ; son cœur s'endurcit, se resserre, car, par son corps, l'homme est égoïste, il attire à lui, bien loin de se donner aux autres.

La *fortune* n'est pas davantage la force. Ces sociétés couvertes de soie et ruisselantes d'or trahissent, à l'heure des grands dangers, une faiblesse lamentable ; pendant qu'elles développaient à l'excès la puissance matérielle, elles diminuaient en elles la source de la puissance véritable, la force morale ; leur progrès tout à l'extérieur n'avait aucun appui dans les âmes, en face de l'ennemi les armes leur tombent des mains, et rien n'égale la profondeur de leur chute soudaine que la hauteur de leur élévation de la veille (1).

Le progrès de l'*esprit* est bien supérieur au progrès du corps. C'est l'intelligence qui conçoit l'idéal vers lequel il faut nous élever ; appliquée à son objet propre, c'est-à-dire à l'immatériel, elle tend à détacher l'homme des choses terrestres, elle le grandit.

Néanmoins ce n'est pas l'esprit qui donne à l'homme sa vraie valeur, c'est la *volonté*. On peut abuser de l'esprit aussi bien que de la richesse ; *seule*, la bonne volonté *consacre* les autres biens et en fait des biens *absolus*. Elle est le ressort principal de la force et du caractère.

En *fait* on voit que les peuples comme les individus grandissent moins par l'intelligence que par le *caractère* et la force *morale*. Jamais peut-être l'intelligence n'a été plus vive et plus riche en Italie qu'au XVI<sup>e</sup> siècle, et

---

(1) « La richesse et la vertu ne sont-elles pas comme deux poids mis dans une balance, dont l'un ne peut monter que l'autre ne baisse ? » (Platon, *Républ.*, l. VIII.)

c'est de cette époque que date le commencement de sa décadence.

X. Ne pas exagérer l'idée de progrès. — Il ne faut point bannir de l'esprit humain l'idée du progrès. C'est une idée légitime, bienfaisante, fortifiante. Quand le présent est triste, elle montre aux regards l'*espérance*; elle donne des ailes aux âmes généreuses.

Mais il ne faut pas exagérer la portée de cette idée, encore moins en dénaturer le caractère. La liberté n'est pas la licence, et tout changement n'est pas un progrès, toute nouveauté n'est pas une amélioration.

Aller de l'avant n'est pas toujours progresser, revenir en arrière n'est pas toujours être rétrograde, dans le sens qu'on attache à ce mot. Guizot l'a dit avec un grand bon sens : « *Le progrès, quand on s'est écarté du chemin, consiste à y rentrer.* »

Les principes qui régissent les individus et les sociétés sont en petit nombre, comme les lois qui régissent l'univers ; les lois de l'ordre moral ne changent pas plus que celles de l'ordre physique. Ce n'est point en les rejetant qu'on peut espérer de faire mieux, c'est en les appliquant avec discernement.

On doit faire une très grande part, la plus grande part à la *stabilité* et à la *tradition*. Mais à côté des besoins primordiaux et universels, il en est de particuliers et de contingents, que peuvent faire naître les différentes phases de la vie de l'humanité. Ils demandent, eux aussi, à être satisfaits, et c'est là, dans cette sphère mobile, que le progrès peut espérer de trouver ses meilleures applications.

XI. Le progrès et l'idée religieuse. — D'un autre côté, rien ne tourne à bien, rien ne réussit sans la bonne volonté, et tous les autres progrès peuvent devenir un danger sans un progrès corrélatif dans l'ordre moral.

Mais la *seule* éducatrice véritablement efficace de la volonté, c'est la *religion*.

La religion catholique ouvre à l'esprit et au cœur de l'homme des horizons infinis. En même temps qu'elle fait briller à nos regards un idéal divin et humain tout ensemble, le Dieu-Homme, elle en inspire l'amour et donne la force nécessaire pour s'élever jusqu'à lui. Dans ce champ, le progrès n'a pas de limites.

Jésus a dit à tous les hommes : « *Estote perfecti sicut Pater vester cœlestis perfectus est* (1). » Et saint Paul ajoutait, en leur montrant Jésus : « *Crescamus in illo per omnia, qui est caput Christus* (2). »

Jésus-Christ, c'est le dernier mot du progrès, comme de toutes choses.

---

## CHAPITRE III

### La liberté.

I. NATURE DE LA LIBERTÉ. — La liberté, a dit justement Condillac, « *consiste à pouvoir faire ce qu'on ne fait pas, et ne pas faire ce qu'on fait* ». Etre libre, est donc être maître de ses actes, et *choisir* le parti que l'on prend préférablement à celui qu'on écarte. Car dès qu'il y a choix il y a liberté, c'est-à-dire possession de soi-même et de ses actes.

Au point de vue qui nous occupe, la nature des objets entre lesquels on choisit n'a que peu ou point d'importance. Ils peuvent être *opposés*, comme le bien et le mal, ou simplement *différents*, comme deux biens d'inégale valeur, ou même de semblable mérite. Dans

(1) *Matth.*, V, 48.
(2) *Ephes.*, IV, 13, 15.

un cas aussi bien que dans l'autre, il y a choix, et la liberté ne demande rien de plus.

Un esprit supérieur comme Dieu et l'ange saisit du premier regard le pour et le contre des partis en présence ; il ne *raisonne* ni ne *délibère*. Son choix est aussi prompt que sa pensée. Mais chez l'homme, esprit lent et borné, la volonté a souvent des hésitations, et ne se prononce qu'après avoir *délibéré*.

La liberté est donc une *perfection* dans l'être libre : perfection de l'intelligence, qui apprécie en connaissance de cause ; perfection de la volonté, qui, en présence de plusieurs partis, maintient son *indépendance* et ne se laisse entraîner par aucun.

Mais il n'est pas nécessaire que cette indépendance aille jusqu'à l'*indifférence* absolue. Un objet peut avoir, à mes yeux, plus de charmes qu'un autre ; des agents extérieurs peuvent aussi peser, jusqu'à un certain point, sur ma détermination, soit par l'appât des promesses, soit par la menace de maux redoutables. Sollicité ou non, je demeure libre tant que je réfléchis et que je délibère ; car je conserve le pouvoir de choisir et de me déterminer par moi-même.

II. Part de la nécessité. — Avant de chercher la part de la liberté, faisons d'abord, avec saint Thomas, celle de la *nécessité* et montrons que celle-ci, bien loin de rien enlever à celle-là, lui sert au contraire de point de départ et d'appui.

Dans les êtres placés au-dessous de l'homme, la nécessité assujettit à ses lois non seulement les phénomènes de la matière inorganique, mais encore, bien qu'avec des nuances appréciables, les diverses fonctions de la vie végétative et sensitive. Si les mêmes fonctions se retrouvent chez l'homme, il n'y a pas de raison pour qu'elles échappent à la condition *générale* de leur nature. Souvent elles s'accomplissent en dehors du regard de la conscience, et, alors même que la conscience les remarque, la volonté n'a que peu ou point de prise sur elles.

Dans la partie *supérieure* de l'âme, la nécessité se retrouve encore à la *base* des opérations de l'intelligence et de la volonté, et ce phénomène ne doit nous causer ni émotion ni surprise. L'intelligence est faite pour le vrai, la volonté pour le bien ; n'est-il pas naturel que le vrai *évident* et le bien *parfait* s'imposent aux facultés avec lesquelles ils entrent en rapport ? La raison adhère naturellement et nécessairement aux premiers principes, et la volonté fait de même à l'égard du bonheur ou de la fin dernière. Nous ne mettons pas en question si le tout est plus grand que sa partie, et nous ne délibérons pas si nous voulons être heureux.

Dans l'un et l'autre cas, c'est la *nature* qui parle, et elle parle en maîtresse. La nature, dit saint Thomas, occupe la première place en chaque chose : « *Natura est primum in unoquoque* » ; elle est le fondement immuable et le principe fécond de toutes les propriétés de l'être (1).

Nous en avons une preuve manifeste dans la raison et la volonté. Ce qui rend le mouvement possible, c'est un point d'appui immobile : « *Omnis motus procedit ab aliquo immobili.* »

Or, le raisonnement et les résolutions délibérées sont des *mouvements* de l'âme qui doivent pareillement s'appuyer sur un point fixe. Toute discussion devient impossible si l'on n'admet l'évidence, si l'on ne part des premiers principes comme d'un point lumineux par lui-même, et qui projette sa lumière de loin en loin sur la série entière des déductions. De même, on ne songera

---

(1) *S. th.*, 1a, q. LXXXII, a. 1, c. et 1a 2æ, q. X, a. 1, c.

pas à délibérer, on ne se mettra pas en quête des moyens les mieux adaptés en vue de la fin dernière ou du bonheur, si le bonheur n'est pas aimé, et aimé d'un amour nécessaire. Car la fin joue dans l'action le même rôle que les principes dans la spéculation. C'est elle qui met la volonté en mouvement et qui dirige le mouvement vers le terme auquel il doit naturellement aboutir (1).

Otez l'évidence éblouissante des premiers principes, ôtez l'amour inné du bonheur, la raison et la volonté n'ont plus rien qui les attire et qui les fasse passer de la puissance à l'acte.

III. EXISTENCE DE LA LIBERTÉ. — On ne nous reprochera pas d'avoir dissimulé ou amoindri la part de la nécessité dans la nature humaine. Nous sommes donc parfaitement à l'aise pour chercher celle de la liberté et la reconnaître dans toute son étendue.

1° Suivant nous, la liberté est avant toutes choses, et indépendamment de toute explication, un *fait* des plus certains et des mieux attestés par la *conscience*. Voilà le point de départ qu'il convient de bien préciser, pour redire avec Bossuet : « *Un homme qui n'a pas l'esprit gâté n'a pas besoin qu'on lui prouve son franc arbitre, car il le sent, et il ne sent pas plus clairement qu'il voit, ou qu'il reçoit les sons, ou qu'il raisonne, qu'il se sent capable de délibérer ou de choisir* (2). »

Il est bien vrai que l'homme *sent* sa liberté. Il la sent avant d'agir, il la sent au milieu de l'action, il la sent encore après avoir consommé son entreprise.

Avant d'agir, il se pose à lui-même la question du

_________

(1) « Necessitas naturalis non repugnat voluntati : quinimo necesse est quod sicut intellectus ex necessitate inhaeret primis principiis, ita voluntas ex necessitate inhaereat ultimo fini, qui est beatitudo. *Finis* enim se habet in operativis, sicut *principium* in speculativis. » (4a, q. LXXXII, a. 1. c. et 1a 2ae, q. X. a. 1, c.)

(2) *Connaiss. de Dieu et de soi-même*, ch. I, § 18.

bien et du mal, des avantages et des inconvénients. Il distingue fort nettement entre le *délectable* et l'*honnête*, entre l'*utile* et le *devoir* : le premier lui présente bien des charmes ou bien des fruits ; le second se montre avec son idéale beauté, mais aussi avec ses inflexibles exigences.

Vivement sollicité par les deux partis en présence, l'homme se recueille au-dedans de lui-même ; il examine de très près, une à une, toutes les raisons qui militent dans l'un et l'autre sens ; il délibère longuement, parce qu'il a conscience que la décision à prendre dépend de lui et de lui seul. Si l'honnête ou l'utile avait une force irrésistible, la délibération serait sans objet, la pensée même de délibérer ne se présenterait pas à l'esprit.

Après avoir mûrement délibéré, on se détermine à agir et l'on prend un parti. Or, à ce moment même, on sent qu'on est libre, que rien ne s'impose, qu'on pourrait s'arrêter, revenir en arrière et prendre un chemin différent. Chez les personnes hésitantes, le moment de l'action est souvent rempli de perplexités et de tâtonnements ; chez toutes, il peut amener de nouveaux doutes et changer les plus fermes résolutions.

L'acte une fois posé, ses *conséquences* naturelles se déroulent, sa portée se précise de plus en plus. Le problème de la moralité se présente sous une nouvelle forme. A-t-on sacrifié le plaisir au devoir, l'intérêt au dévouement ? on se félicite, on s'applaudit, car on s'est grandi à ses propres yeux. Dans le cas contraire, la conscience fait entendre un douloureux gémissement et pousse un cri accusateur que rien ne peut faire taire. Vainement j'ai réussi au gré de mes désirs et au delà de mes espérances ; vainement les personnes qui m'entourent, trompées par les apparences ou désireuses de me flatter, me prodiguent les applaudissements et les approbations, dans mon for intérieur je me condamne moi-même et je sens bien que j'ai mérité le mépris.

Ces divers sentiments n'auraient aucun sens si l'homme n'était *responsable* de ses actes et *père* de ses œuvres ; on ne se trouve pas meilleur pour avoir été habile, ni moins bon pour s'être trompé de bonne foi.

2° Savants et ignorants, bons et mauvais, intéressés et désintéressés, *tous* les hommes, en pratique, admettent également le *fait* de la liberté. « Le philosophe même, qui nie la liberté en théorie, l'admet dans la pratique. Dites-lui que son domestique le vole, que sa femme le trahit, il s'emportera comme un autre ; essayez de le calmer, en lui rappelant que ces malheureux ne sont pas libres et n'ont pu faire autrement, vous verrez comment vos consolations seront accueillies : il vous prendra sans doute pour un mauvais plaisant qui insulte à son infortune. — Le criminel lui-même, qui a tout intérêt à contester l'existence de la liberté, ne s'en avise pas. Est-il traduit devant un tribunal, il niera l'acte qu'on lui impute, ou bien il tâchera d'en atténuer la gravité ; mais jamais il ne lui viendra à l'esprit de dire à ses juges : « Vous savez très bien que nous ne « sommes pas libres et que j'ai fait cela malgré moi ; « par conséquent vous n'avez rien à me reprocher. » S'il ne parle pas ainsi, c'est qu'il lui paraît aussi impossible de nier la liberté que de nier la lumière du jour, tant il la connaît bien et tant il est sûr que les autres la connaissent (1). »

IV. Principe de la liberté. — La liberté humaine est un *fait* qu'on ne peut nier sans nier l'évidence et aboutir au scepticisme.

(1) Ferraz, *Philosophie du devoir*, liv. II, ch. II.

Un fait ne se *démontre* pas ; il suffit de le *constater*. Alors même qu'on n'en connaît pas la cause, on l'admet encore, parce qu'il n'est jamais permis, en bonne logique, de rejeter une chose certaine sous prétexte qu'on n'en pénètre pas la nature, ou qu'on se heurte à des difficultés dont on ignore la solution. *Non sunt neganda clara propter obscura*.

Mais le psychologue ne peut-il fournir aucune *explication* raisonnable de la liberté, et doit-il renoncer à en découvrir la cause ? C'est l'opinion de plusieurs écrivains de ce temps, mais c'est là une opinion absolument erronée.

Saint Thomas assigne deux causes à la liberté : une cause *intérieure* et *psychologique*, une cause *extérieure* et *métaphysique*. L'homme est libre parce qu'il est doué de raison et que les biens qui sollicitent sa volonté n'ont rien de nécessitant.

Tâchons de mettre ces explications dans une pleine lumière.

Si l'on veut avoir la raison interne du libre arbitre, il faut observer que certains êtres agissent sans aucun discernement, comme fait la pierre qui tombe, comme fait toute créature privée de connaissance.

Il en est d'autres que la nature a mieux partagés : ils peuvent porter quelques jugements, mais des jugements purement *instinctifs*. Tel est le sort de l'animal privé de raison. La brebis a-t-elle aperçu le loup ? elle juge aussitôt qu'il faut le fuir, mais c'est la *nature* qui lui dicte ce jugement, la réflexion et la comparaison des termes n'y sont pour rien.

Par un heureux privilège, l'homme a le pouvoir de juger en connaissance de cause, c'est-à-dire après un examen qui lui découvre le pour et le contre et qui lui permet de choisir entre divers partis. Ainsi, par le fait

même qu'il est raisonnable, l'homme se trouve naturellement affranchi de la nécessité qui pèse sur les autres
créatures (1).

Mais quel est exactement le *motif* qui affranchit le
jugement de l'homme, tandis que celui de l'animal demeure soumis au déterminisme ? C'est que l'animal n'a
que des *sensations* ou des connaissances particulières,
et, par suite, il ne peut comparer les biens particuliers
à une idée supérieure qui leur serve de commune mesure. Il désire fatalement les jouissances, et, comme il
ne connaît rien au delà et qu'il n'a que ce seul critère
pour se décider, il cède fatalement à l'appât de la plus
grande jouissance.

Mais l'homme a *l'idée* du bien *en général*, du bien
parfait et absolu ; il apprécie, à la lumière de ce critère
transcendant, tous les biens particuliers qui sollicitent
son amour, et se porte ensuite vers celui qui obtient
ses préférences, sans y être attiré par un désir exclusif
et nécessitant.

C'est donc la *raison* qui affranchit la volonté humaine
et lui assure l'indépendance à l'égard des biens particuliers. Mais elle ne l'affranchit que parce qu'elle lui
montre les *imperfections* et les *lacunes* de ces divers
biens, et c'est ici que se présente l'explication objective
et métaphysique de la liberté.

Le bien est l'objet propre de la volonté ; comme tel,
il l'excite et la met en mouvement. Si donc le bien universel était à notre portée et que nous en eussions la
claire vue, il exercerait sur notre amour une action
irrésistible et nous l'embrasserions de toutes nos
forces.

C'est ainsi que les bienheureux aiment Dieu néces-

_______

(1) « Et pro tanto, *necesse* est quod homo sit liberi arbitrii, ex hoc
ipso quod rationalis est ». (*S. th.*, 1a, q. LXXXIII, a. 1, c.)

sairement, comme nécessairement nous aimons le bonheur.

Mais la connaissance que nous avons de Dieu, dans la vie présente, est une connaissance *abstractive, discursive* et *incomplète*; elle est trop laborieuse et trop bornée pour séduire et enlever notre cœur.

Le vrai bonheur est en Dieu seul ; l'accomplissement du devoir est une condition indispensable pour arriver un jour à la possession de Dieu. Voilà deux vérités que la raison démontre à tous ceux qui, étant bien disposés d'ailleurs, apportent à la démonstration une attention convenable. Mais, encore une fois, la démonstration ne nous met point face à face avec Dieu, et elle nous laisse en présence des austérités du devoir et des charmes du plaisir. Entre les deux la volonté hésite, parce que, de chaque côté, des ombres voilent plus ou moins le tableau du bonheur (1).

Le plaisir, les richesses, les honneurs, la vertu, autant de routes qui se présentent à nous pour nous conduire au but suprême, c'est-à-dire au bonheur. Mais de ces routes, les trois premières conduisent à un bonheur plus apparent que réel ; elles aboutissent à la *jouissance* et non pas à la *félicité* véritable. Que la quatrième conduise effectivement à la fin dernière, la raison bien interrogée suffit à l'établir ; mais, nous l'avons dit, la raison ne donne pas l'évidence *intuitive*, et les exigences de la vertu, mises en présence des avantages *immédiats* et *faciles* du délectable et de l'u-

---

(1) « Sunt quædam habentia necessariam connexionem ad beatitudinem, quibus scilicet homo Deo inhæret, in quo solo vera beatitudo consistit. Sed tamen, antequam per certitudinem divinæ *visionis necessitas* hujusmodi connexionis demonstretur, voluntas non ex necessitate Deo inhæret, nec his quæ Dei sunt. Sed voluntas videntis Deum per essentiam de necessitate inhæret Deo, sicut nunc ex necessitate volumus esse beati. » (Ia. q. LXXXII, a. 2, c.)

tile, ôtent à la démonstration une grande partie de sa force, au moins de sa force subjective.

La *fin* a beau être nécessaire, si les *moyens* sont contingents ou nous paraissent tels, nous demeurons libres de les prendre ou de les écarter. Impossible de ne pas aimer la fin dernière, puisqu'elle est le bien parfait et sans mélange ; impossible de ne pas prendre les moyens reconnus évidemment nécessaires à l'obtention de la fin, mais là s'arrête la nécessité : tout le reste est chose contingente et facultative.

Je ne puis me dérober à la lumière des premiers principes, non plus qu'à celle des conclusions qui en découlent par voie de conséquence nécessaire et immédiate, et qu'on ne saurait nier sans nier les principes. Mais grand est le nombre des propositions purement contingentes, et dont la négation n'entraîne nullement celle des principes qui s'imposent à l'intelligence. De même, grand est le nombre des conclusions qui, à la vérité, s'enchaînent rigoureusement aux principes, mais qui n'ont avec eux qu'une liaison si éloignée et si peu apparente qu'elle demeure cachée pour la majorité des esprits. Dans l'un et l'autre cas, il demeure libre de donner ou de refuser son adhésion.

Il n'en va pas autrement dans le domaine de la *volonté*. Le bonheur la captive comme les principes captivent l'esprit ; certains moyens, mais en bien petit nombre, sont absolument indispensables pour être heureux : par exemple, on ne saurait être heureux sans posséder l'être et la vie. Mais les autres moyens ne présentent point ce caractère, ou du moins ne le présentent pas évidemment : on peut vouloir la fin sans être obligé de les prendre (1).

_______

(1) *S. th.*, 1a 2æ, q. x, a. 2, ad 3.

Nous emprunterons au Docteur angélique deux autres comparaisons également propres à montrer comment la volonté humaine garde son indépendance à l'égard de tous les biens particuliers sans exception.

Présentez à la vue un objet éclairé de toutes parts d'une vive lumière : elle ne peut manquer d'être saisie et de voir, à moins qu'elle ne se détourne de l'objet.

Présentez-lui, au contraire, un objet dont certaines parties seulement sont éclairées : elle pourra se porter sur la partie obscure et ne pas voir, faute de lumière.

Or, le *bien* est à la volonté ce que la *couleur* est à la vue. Si l'on montre à la volonté un bien parfait et sans ombres d'aucune sorte, elle se sent irrésistiblement attirée vers lui, car le contraire d'un tel bien ne saurait être l'objet d'un désir. Mais si on lui montre un bien particulier et imparfait, elle est libre de lui donner ou de lui refuser son amour. En effet, le défaut d'un bien quelconque peut être regardé comme un non-bien, et seul, le bien parfait, auquel rien ne manque, est de nature à exercer sur la volonté une action nécessitante.

Quant aux biens *particuliers*, ils ont tous des bornes ou des lacunes ; à ce point de vue, ils peuvent être envisagés comme des non-biens, et, par suite, la volonté les embrasse ou les rejette à son gré, suivant l'aspect sous lequel la raison les lui présente (1).

La seconde comparaison donnée par saint Thomas a le grand avantage de faire jaillir une nouvelle lumière du point le plus obscur en apparence. Prenons un *moteur* et un *mobile ;* que faut-il pour que le moteur imprime au mobile un mouvement irrésistible ? qu'il

_______

(1) 1a  2æ, q. x, a. 2, c.

possède une force supérieure à la masse qu'il s'agit d'ébranler.

Dans notre cas, le bien est le moteur et la volonté le mobile, puisque c'est le bien qui, en agissant sur la volonté, la fait passer de la puissance à l'acte.

Si la volonté avait une capacité bornée, comme l'appétit de l'animal, les biens particuliers suffiraient à la remplir. Mais, éclairée par l'intelligence, elle se sent faite pour le bien universel et parfait. Les biens particuliers, honneurs, fortune, plaisirs, ne réalisent pas son idéal, ne remplissent pas sa capacité, et par là même n'ont pas assez de force pour lui imprimer un mouvement irrésistible.

Nous possédons maintenant la *clef* de la liberté humaine. La volonté aspire au bien sans mélange et sans lacunes ; la raison ne lui montre de toutes parts que des biens partiels ou limités, rien qui la satisfasse pleinement, rien qui la captive et l'entraîne. Ainsi, en l'éclairant sur la réalité, la raison l'élève au-dessus de la nature et lui assure la liberté de ses mouvements.

La liberté n'est pas un fait empirique dont la philosophie ignore la cause. Elle est le fait *scientifique* et rationnel par excellence. Il ne faut pas dire que l'homme peut être libre, il faut dire qu'il ne peut pas ne pas l'être, du moment qu'il est intelligent et réfléchi. « *Necesse est quod homo sit liberi arbitrii, ex hoc ipso quod rationalis est* (1). »

Et c'est par là qu'il se distingue essentiellement des créatures privées de raison, et par là même incapables de régler leurs mouvements.

V. DÉFENSE DE LA LIBERTÉ. — En dépit des faits et des raisons, l'esprit de système a soulevé de tout temps,

_______

(1) *Sum. theol.*, 1a, q. 84, a. 1, c.

mais de nos jours surtout, un assez grand nombre d'objections tendant à affaiblir le sentiment de la liberté. Examinons-les une à une et voyons si elles ont réellement la force que leur prêtent nos adversaires.

*a) En premier lieu, on nous oppose le déterminisme universel de la nature.* Tout s'y produit et s'y développe selon la loi rigide de la nécessité ; comment l'homme ferait-il exception, et s'échapperait-il de l'engrenage qui l'enserre de toutes parts ?

Nous le reconnaissons sans peine, le déterminisme règne en souverain sur le domaine de la matière *inanimée* ; là rien ne se meut sans avoir été mu, et toujours la réaction est égale à l'impression reçue.

Mais dans le champ de la *vie* le lien de la nécessité se relâche, une force nouvelle fait son apparition, la force de la *spontanéité*, et cette force, tout en subissant les conditions générales de la matière, assujettit à son autorité et emploie à son service les diverses énergies physiques de cette même matière.

La *plante* ne connaît pas le but qui l'attire non plus que la marche à suivre pour arriver à ce but ; et cependant elle se porte vers lui en vertu d'une énergie intime, immanente et sûre d'elle-même. Grâce à cette énergie secrète, elle puise dans le monde extérieur les aliments qui lui sont nécessaires, les attire à elle et les transforme en sa propre substance ; elle se développe progressivement suivant un plan déterminé, éclairée par une sorte d'*idée directrice* ; et suivant les circonstances, elle *résiste ou s'adapte au milieu* (1).

L'*animal* déploie une spontanéité plus visible et plus féconde en ses résultats. La connaissance sensible lui montre l'objet *utile* ou *nuisible* qu'il doit poursuivre ou

______

(1) 1a 2æ, q. 1, a. 1, c.

éviter ; il s'en approche ou s'en éloigne avec un instinct infaillible ; il a des inclinations et des passions, des désirs et des aversions, des amours et des haines qui *simulent* les déterminations volontaires.

Ainsi, la *nature* exclut si peu la liberté que, manifestement, elle y *tend* et s'y *achemine* par degrés.

Arrivée à l'*homme,* elle prend conscience d'elle-même et s'affranchit tout à fait. Faute d'un critère supérieur à l'aide duquel il puisse apprécier les biens particuliers, l'animal court fatalement au plaisir et au plus grand plaisir sensible. Mais l'homme possède ce critère, à savoir l'idée du bien en général ; à cette lumière, il examine, analyse, discute les biens particuliers qui sollicitent son amour, et ne trouvant dans tous ces biens aucun objet qui réalise son idéal et remplisse ses aspirations, il demeure le maître de ses déterminations. En somme, partout où se trouve l'intelligence, se trouve la liberté : « *Ubicumque est intellectus, est liberum arbitrium* » (1).

*b)* Mais, dira-t-on, vous oubliez une conquête de la science moderne, *la grande loi de la conservation de l'énergie.*

Nous n'oublions pas la grande loi, et nous ne songeons nullement à restreindre son domaine. Mais il ne faut pas non plus l'étendre au delà des limites naturelles.

La conservation de l'énergie est manifeste dans tous les phénomènes observés par le *physicien* et le *chimiste.* « Mais la transporter dans la mystérieuse région où s'échangent les relations de l'esprit et du corps, c'est affirmer gratuitement que *l'esprit* est régi par les mêmes lois que les corps.

« Oui, les corps se meuvent par transmission et trans-

_______

(1) 1a, q. LXX, a. 3, c.

formation de forces. Mais l'esprit, qui est d'essence supérieure, ne peut-il pas produire des effets qui retentissent dans la matière sans ressortir à ses lois ? Tout phénomène physique est un passage de la puissance à l'acte. Le charbon, c'est de la chaleur en puissance ; la combustion, la nutrition, donneront de la chaleur en acte, de la force musculaire en acte. L'actualisation de la puissance suppose l'intervention d'une force *excitatrice.* Pourquoi cette force ne serait-elle pas, dans certains cas, une force *spirituelle ?* La matière alors entrerait en activité suivant les lois qui lui sont propres ; mais une cause d'ordre supérieur interviendrait dans le circuit des énergies physiques et en modifierait le cours. Prouvez que cela ne peut pas être ! Je vous en défie (1) ! »

Ainsi, quand bien même on accorderait que la volonté ne peut rien *créer* ni *détruire,* en fait d'énergie physique, il ne s'ensuivrait nullement qu'elle ne peut lui imprimer telle *direction* qu'il lui plaît. Cette seule remarque suffit à renverser l'objection.

*c)* Battus sur le terrain de la *cosmologie,* nos adversaires se retranchent sur le domaine de la *psychologie,* qu'ils jugent plus favorable aux évolutions déterministes.

Tout se tient, disent-ils, dans les facultés et les actes de l'homme : la pensée est soudée à la sensation, la volition à la passion ; la sensation, à son tour, dépend des fonctions végétatives, et celles-ci dépendent de la matière. Si donc la loi de la nécessité régit toute la partie inférieure de l'être humain, elle doit aussi, par voie de conséquence, étendre son empire sur la partie supérieure.

La plupart des faits sur lesquels s'appuie l'objection

______

(1) Mgr d'Hulst, confér. de Notre-Dame, carème de 1891, 3ᵉ conf. *La morale et la liberté.*

sont certains et incontestables ; mais la conclusion qu'on en tire est mal déduite.

Nous avons déjà reconnu que les dispositions de l'organisme ont une influence prépondérante sur la sensation, l'imagination et les appétits, et nous avons accordé que la sensibilité influe sur la raison, et les passions sur la volonté.

Mais si les deux maîtresses puissances de l'âme peuvent recevoir des sollicitations, elles ne reçoivent pas d'ordres ; elles en donnent au contraire aux facultés inférieures qu'elles retiennent dans de justes limites : *Dirigunt et imperant*. Chez les animaux privés de raison, remarque saint Thomas, le mouvement *suit* aussitôt l'inclination de l'appétit soit concupiscible, soit irascible, comme la brebis fuit aussitôt qu'elle aperçoit le loup ; chez ces animaux, en effet, ne se trouve aucun appétit supérieur qui puisse résister aux sensations et aux penchants.

Mais observez l'attitude de l'homme sollicité par la passion ; il ne se meut pas *immédiatement,* au gré de l'appétit concupiscible ou irascible, car l'appétit doit attendre le commandement de la volonté, qui est un appétit supérieur. Dans toutes les puissances motrices bien ordonnées, le second moteur ne peut imprimer de mouvement qu'en vertu du premier moteur. De même, qu'un homme sous l'empire de la passion fasse appel à la pensée et tourne son esprit vers quelque principe supérieur, la colère, la crainte, les divers troubles de l'âme se calment peu à peu et la tranquillité ne tarde pas à se rétablir.

Bien loin de subir le joug de la sensibilité et de l'organisme, la raison lui *impose* son *contrôle* et lui dicte des *ordres*.

Je soumets mon corps à des exercices pénibles pour

le rendre plus souple, plus apte à seconder les opérations intellectuelles et morales ; mon imagination, si capricieuse et si volage de sa nature, j'en détourne le cours et je l'applique aux objets qui me plaisent ; si la passion *devance* quelquefois ma volonté, je lui *donne* ou lui *refuse* mon *consentement*, suivant mon bon plaisir ; et même, il est en mon pouvoir de l'empêcher de naître, en m'éloignant des objets qui l'allument, en évitant les occasions qui la font naître, en me livrant à quelque occupation absorbante, toutes choses qui me donnent enfin beaucoup d'empire sur moi-même (1).

Sans doute, la volonté peut se *lasser* de la lutte ; elle peut tolérer d'abord, encourager ensuite les hardiesses de la passion ; elle peut même, de défaillances en défaillances, en arriver à se faire un *tempérament* de péché. « Qu'est devenue la liberté de cet homme esclave ? Elle n'est pas détruite, elle est *atrophiée.* Ah ! j'ai bien peur que plus d'un déterministe n'ait été chercher là l'échantillon humain sur lequel il devait étudier le problème du libre arbitre ! On prend un alcoolique, un débauché, un névropathe ; on les regarde agir, et l'on dit : Ces gens-là ne sont pas libres. — C'est vrai, ils ont *cessé* de l'être ; non pas que la liberté leur ait manqué, mais parce qu'ils l'ont trahie.

« En regard de ces types dégradés, placez le *saint*. Et pour rendre le contraste plus saisissant, ne choisis-

(1) « Hoc etiam quilibet in seipso experiri potest ; applicando enim aliquas universales considerationes, mitigatur ira, aut timor, aut aliquid hujusmodi... Voluntati etiam subjacet appetitus sensitivus, quantum ad *executionem* quæ est per vim motivam. In aliis enim animalibus, statim ad appetitum concupiscibilis et irascibilis sequitur motus : sicut ovis videns lupum, statim fugit ; quia non est in eis superior appetitus qui repugnet — Sed homo non statim movetur ad appetitum irascibilem et concupiscibilem ; sed expectatur adhuc imperium voluntatis, quæ est appetitus superior. In omnibus enim potentiis ordinatis, secundum movens non movet, nisi virtute primi moventis : unde appetitus inferior non sufficit movere, nisi appetitus superior consentiat. » (1a. q. LXXXI, a. 3, c.)

sez pas un de ces miracles d'innocence qui semblent
étrangers aux faiblesses de la nature. Prenez de préférence un *converti*. Voilà un homme qui a connu tous
les entraînements du plaisir coupable ; il est donc bien
de la race de ceux qui tombent ; mais il est aussi de ceux
qui se relèvent. Comme il avait roulé de vices en vices,
le voici qui s'élève de vertus en vertus ; chaque degré
qu'il monte est un progrès de sa liberté. Au sommet il
trouve l'affranchissement total ; s'il ressent encore les
sollicitations de la volupté, les éblouissements de l'orgueil, les frémissements de la colère, ce n'est plus dans
sa chair soumise, dans son esprit discipliné qu'un fris-
son fugitif ; dès que la conscience a senti la passion
tressaillir, la volonté a resserré son étreinte ; il n'y a
pas eu de combat et la victoire est acquise. C'est la perfection du libre arbitre.

« Entre ces deux extrêmes, voici l'armée humaine
qui s'échelonne ; chacun est libre dans la mesure où il
s'est *volontairement* affranchi, et dans cette même mesure, il est homme (1). »

On *insiste*. Pour combattre les sollicitations de la
sensibilité nous cherchons l'appui des idées rationnel-
les ; mais les idées elles-mêmes sont fatales, si bien
qu'en les suivant, la volonté retombe sous la loi du déterminisme.

Il est exact de dire que la volonté, puissance ration-
nelle, n'agit jamais sans quelques motifs, et que ces
motifs lui sont naturellement offerts par la raison.

---

(1) Mgr d'Hulst, conf. de N.-D., carème de 1891, 3ᵉ conf.
« Cum in homine sint duæ naturæ, intellectiva scilicet et sensitiva,
quandoquidem est homo aliqualis *uniformiter* secundum totam animam, quia scilicet vel pars sensitiva totaliter subjicitur rationi, sicut
contingit in virtuosis ; vel, e converso, ratio totaliter absorbetur a passione, sicut accidit in amentibus. Sed aliquando, etsi ratio obnubiletur
a passione, remanet tamen aliquid rationis liberum ; et secundum
hoc, potest aliquis vel *totaliter* passionem repellere, vel saltem *se
tenere*, ne passionem sequatur. » (1a 2æ, q. x, a. 3, ad 2.)

Seulement, il est un grand nombre de cas où les motifs n'ont point un caractère nécessitant, parce qu'ils sont combattus par des motifs contraires et ne s'imposent pas au nom de l'évidence. L'esprit peut alors donner ou refuser son assentiment, sans que rien le détermine à se prononcer pour un parti à l'exclusion du parti contraire ; il peut aussi, si quelque raison particulière l'y engage, réserver son jugement jusqu'à plus ample examen de la cause.

Voilà déjà une part assez notable accordée au libre arbitre (1).

Ensuite, c'est la volonté qui *applique* la raison à tel objet, de préférence à tel autre, qui la porte à considérer les choses sous un aspect particulier, et non sous tel autre aspect qui lui plaît moins, ou qui même pourrait contrarier ses inclinations secrètes.

Il est reconnu que nous faisons des diverses puissances de l'âme l'usage qu'il nous plaît d'en faire, et la raison n'échappe nullement à cet empire universel de la volonté. L'acte de la raison peut être impéré, aussi bien que l'acte des facultés inférieures (2).

L'intelligence est une *lumière* indispensable pour la volonté, et nullement une *entrave*. Voilà pourquoi la liberté se *perfectionne* et *s'élève* en même temps que l'intelligence. Plus il y a de réflexion et de délibération, moins il y a d'ignorance et d'entraînement, et plus les biens particuliers sont examinés sous leurs divers aspects, plus ils révèlent d'imperfections et de lacunes. Que nous produisions une action soudaine, sans y avoir pensé le moment d'auparavant, sans avoir considéré les raisons que nous pouvions avoir de la faire

(1) 1a 2æ, q. xvii, a. 6, c.
(2) 1a 2æ, q. 3, a. 1, c, et ad 3 : q. 17, a. 6, c.

ou de ne pas la faire, une telle action nous paraît instinctive et fatale plutôt que volontaire et libre. Que nous fassions au contraire une action après y avoir mûrement réfléchi, après avoir analysé, compté un à un tous les motifs que nous avions de la faire, cette action nous semble atteindre le *summum* de la liberté.

Il est donc absolument faux que l'action des motifs supprime ou même diminue la liberté, puisqu'au contraire, d'après le témoignage de la conscience et de l'aveu de tous, *la liberté augmente avec la raison*, avec l'attention et l'examen des motifs.

Il est également faux que la volonté cesse d'être libre parce qu'elle suit toujours *le dernier jugement pratique* formulé par la raison. Car, il faut le dire une fois encore, c'est la volonté qui, pour l'ordinaire, *choisit* l'objet à étudier, qui *dirige* et *soutient* l'intelligence dans son étude et dans la manière dont elle considère les choses. Si donc elle suit l'intelligence dans son dernier jugement, c'est elle qui a influencé, préparé et amené ce jugement, et le mot de Pascal vient bien ici : « Les choses sont vraies ou fausses selon les faces par où on les regarde. »

Saint Bonaventure l'a remarqué avec beaucoup de justesse et de finesse. « Bien loin, dit-il, de se laisser entraîner par les autres puissances de l'âme et notamment par la raison, la volonté les tire plutôt à elle et les fait servir à ses desseins. (1) »

Pour bien comprendre toute la portée de cette der-

---

(1) *In lib. II Sent.*, dist. 25, pars Ia, a. I.
« Parmi l'innumérable multitude et variété d'actions, mouvements, sentiments, inclinations, habitudes, passions, facultés et puissances qui sont en l'homme, Dieu a établi une *naturelle monarchie* en la volonté qui commande et domine sur tout ce qui se trouve en ce petit monde, et semble que Dieu ait dit à la volonté ce que Pharaon dit à Joseph : « Tu seras sur ma maison, tout le peuple obéira au commandement de ta bouche ; sans ton commandement, nul ne remuera. » (Saint François de Sales, *L'Amour de Dieu*, l. I, ch. I.)

nière observation, il importe de se faire une idée très exacte de l'objet de la volonté humaine.

Ce n'est pas, à proprement parler, le bien *absolu*, le bien *en soi*, indépendamment de tout rapport avec l'appétit, mais plutôt le bien *convenable*, le bien *proportionné au sujet*, à ses dispositions, à ses besoins, et de nature à contribuer à son bonheur. Nous aimons les choses, a dit saint Thomas avec son grand sens de la nature humaine, dans la mesure où elles nous semblent être nôtres. « *Diligimus aliquid, in quantum reputamus illud nostrum* (1). »

Mais la convenance est chose *relative* ; elle exprime une harmonie intime entre deux termes plus ou moins distants, et qu'il faut rapprocher pour les adapter l'un à l'autre. Examinez les appréciations et la conduite des hommes : que de divergences de goût par rapport aux mêmes objets ! C'est que la même chose paraît convenable, désirable à celui-ci, et nullement à celui-là. — Il y a plus encore : *changez la manière d'être de quelqu'un*, prenez-le en des états psychologiques différents, modifiez seulement en lui la partie inférieure de l'âme, les affections de l'appétit sensible ; considérez-le en proie aux amertumes de la colère, ou doucement ému par quelque bienveillante passion, ce n'est plus ni le même jugement, ni le même vouloir.

Aristote a donc formulé une *loi* mentale d'une haute portée, quand il a dit que le bien est apprécié par cha-

---

(1) *In Psalm.* 17.

« Id quod apprehenditur sub ratione boni et convenientis movet voluntatem per modum objecti. Quod autem aliquid videatur bonum et conveniens, ex duobus contingit, scilicet ex conditione ejus quod proponitur et ejus cui proponitur. Et inde est quod gustus diversimode dispositus, non eodem modo accipit aliquid ut conveniens, et ut non conveniens. Unde Philosophus dicit (Ethic., l. III, c. v): *qualis unusquisque est, talis finis videtur ei.* Unde secundum quod homo est in passione aliqua, videtur ipsi aliquid conveniens quod non videtur ei, extra passionem existenti : sicut irato videtur bonum quod non videtur quieto. » (Ia 2æ, q. IX, a. 2, c.)

cun suivant ses dispositions actuelles : « *Qualis est unusquisque, talis finis videtur ei.* »

Mais alors, qui ne voit combien les mobiles de nos actes dépendent de la volonté, et combien il serait absurde de se représenter l'homme comme un automate intelligent ?

---

## CONCLUSION

L'évolution universelle est condamnée par l'expérience et par la raison ; le progrès continu et indéfini est un mensonge ; la liberté, bien loin de s'opposer au progrès, en est, avec la réflexion, le facteur par excellence.

Mais que penser de cette évolution *restreinte*, caressée de nos jours par certains savants spiritualistes qui placent Dieu à l'origine des choses et se bornent à tirer les différentes formes de la vie végétative d'un petit nombre d'organismes animés et primitifs, et les différentes manifestations de la sensibilité d'un petit nombre de formes animales, ou même, d'un type animal commun, qui se serait ensuite développé et diversifié en revêtant des variétés de nuances innombrables ?

En dépit des charmes que les partisans de cette théorie se plaisent à lui prêter, elle n'est pas pour nous satisfaire. Et d'abord, il semble bien qu'elle ait contre elle les données de l'observation scientifique. Le *même vient du même,* voilà une loi générale qui assujettit à son empire tout ce qui doit l'existence à la génération, tout ce qui a vie et sensibilité. Des sélections savantes peuvent bien multiplier les *variétés* et les *nuances,* elles sont impuissantes à produire et à faire durer des *espèces* nouvelles.

Tout ce qu'on peut accorder à l'hypothèse, c'est que certains savants ont peut-être légèrement exagéré le nombre des espèces réellement distinctes et irréductibles.

La métaphysique, de son côté, ne saurait donner une entière approbation à une théorie qui semble tirer le *divers* de l'*un*, le *plus* du *moins*, l'espèce supérieure d'une espèce inférieure. La pente nous paraît glissante et dangereuse ; les esprits hardis auront de la peine à s'arrêter à la juste limite et on les verra étendre l'évolution jusqu'à l'origine du corps de l'homme. Pourquoi dès lors leur faire des concessions que la vraie science ne demande pas et dont il semble si difficile de ne pas abuser ?

S'il faut dire ici toute notre pensée, il ne nous est pas prouvé que l'hypothèse de l'évolution restreinte se concilie pleinement avec le récit de la Genèse sur les origines. Moïse met le plus grand soin à rattacher chaque être de la création à l'espèce qui lui est propre et il donne bien à entendre que les espèces instituées par l'auteur de la nature sont fixes et immuables (1).

Pour ce qui est du progrès de l'*espèce humaine*, deux opinions contradictoires se trouvent en présence : l'opinion *optimiste* et l'opinion *pessimiste*. Suivant les uns, les individus et les peuples particuliers peuvent, indifféremment, avancer ou rétrograder, l'humanité, prise dans son ensemble, avance toujours, bien que son avancement ne soit pas également rapide à toutes les époques. D'après les autres, l'humanité tend sans cesse

---

(1) « Germinet terra herbam... facientem semen, et lignum pomiferum juxta genus suum, cujus semen in semetipso sit super terram... Creavitque Deus cete grandia et omnem animam viventem, quam produxerunt aquæ in species suas et omne volatile secundum genus suum... Et fecit Deus bestias terræ juxta species suas, et jumenta et omne reptile terræ in genere suo. »　　　　(*Gen.* I, 11-25.)

à la décadence ; nous valons moins que nos pères, et nos petits-neveux seront encore plus mauvais que nous. On connaît la plainte du poète :

> *Damnosa quid non imminuit dies ?*
> *Ætas parentum, pejor avis, tulit*
> *Nos nequiores, mox daturos*
> *Progeniem vitiosiorem* (1).

Il y a sans doute de l'exagération dans l'un et l'autre système et la vérité se trouve probablement à égale distance de l'optimisme et du pessimisme.

Dieu ne se doit pas à lui-même de faire aux hommes une situation terrestre toujours plus commode et heureuse. D'un autre côté, le progrès humain étant essentiellement un progrès *moral*, et le progrès moral dépendant avant tout de l'usage bon ou mauvais que l'homme fait de sa liberté, chaque génération se trouve aux prises avec les mêmes difficultés et l'œuvre, sous ce rapport, est toujours à recommencer, toujours à refaire. Au reste, l'histoire ne confirme pas la *théorie* du progrès continu, non seulement pour tel ou tel peuple en particulier, mais encore pour l'espèce humaine prise dans son ensemble.

Elle ne confirme pas davantage l'opinion pessimiste. Le XIXᵉ siècle peut, à certains points de vue, paraître inférieur à plusieurs de ceux qui l'ont précédé ; mais peut-être y pourrait-on signaler un sentiment plus vif de la solidarité des hommes entre eux, un besoin plus pressant de justice sociale, etc...

Enfin, la liberté humaine doit être défendue avec plus de force que jamais. Léon XIII ne l'a-t-il pas appelée un bien excellent : « *Libertas præstantissimum naturæ bonum* » ? Et saint Thomas ne l'a-t-il pas pla-

_________

(1) *Horace,* ode VI, v. 37-40.

cée à la base de la moralité et du mérite : « *Ibi incipit genus moris, ubi primo dominium voluntatis invenitur* (1) » ?

Gardons-nous, toutefois, d'en faire une panacée indéfectible. Elle est utile à tout, mais elle ne suffit à rien.

On peut bien la tenir pour un outil de premier ordre ; mais la valeur pratique de l'outil dépend avant tout de celui qui en fait usage : « *Magna ejus vis in utramque partem.* »

Il faut aussi considérer que toutes les libertés n'ont pas une égale importance. Il est des libertés nécessaires et primordiales ; il est des libertés contingentes ou secondaires ; il est même des libertés plus apparentes que réelles. Mettons avant toutes les autres la liberté du *devoir*, et redisons après Montesquieu : « La liberté ne peut consister qu'à pouvoir faire ce que l'on doit vouloir et à n'être point contraint de faire ce que l'on ne doit pas vouloir (2). »

Voilà ce qu'on appelle la liberté *morale* et *religieuse*. C'est la liberté *dans la vérité*, la seule qui affranchisse l'homme en l'élevant au-dessus de la passion et de l'instinct. « *Cognoscetis veritatem et veritas liberabit vos* (3). »

Quant à la liberté *physique*, qui consiste à prendre ses désirs pour la règle de ses actions, elle se confond avec la licence et fait de l'homme un esclave asservi aux appétits. « *Post concupiscentias tuas non eas et a voluntate tua avertere* (4). »

De nos jours, on met bien haut les libertés *civiles* et *politiques*. Elles peuvent avoir leur prix et il est permis à l'homme de les désirer.

---

(1) In II *Sent.* dist. 21, q. 3, a. 2, sol.
(2) *Esprit des lois*, l. XI, ch. 3.
(3) *Joann.* VIII, 32.
(4) *Eccli.* XVIII, 3).

Mais ce ne sont que des libertés *relatives*, qui varient avec les temps et les lieux. Pour porter des fruits, elles doivent toujours être étroitement unies à la liberté morale et religieuse.

Celle-ci est l'arome qui les purifie et qui permet de les étendre sans qu'elles risquent de dégénérer en licence.

Usons bien de cette liberté précieuse et veillons à ce qu'elle ne nous soit ni ôtée ni diminuée. Par là, nous serons les ouvriers de notre progrès individuel, par là aussi nous contribuerons au progrès général. Le progrès de tous est fait des progrès de chacun.

# TABLE DES MATIÈRES




433-00 — Impr. des Orph.-Appr. d'Auteuil, 40, rue La Fontaine, Paris.

— **L'Apologétique historique au XIX· siècle.** — La Critique irréligieuse de Renan, etc. par l'abbé Ch. Denis.	1 vol.

— **Nature et Histoire de la liberté de conscience**, p. l'abbé Canet. 1 vol.

— **L'Animal raisonnable et l'Animal tout court**, par C. de Kirwan.	1 vol.

— **La Conception catholique de l'Enfer**, par l'abbé Brémond.	1 vol.

— **L'Attitude du catholique devant la Science**, p. G. Fonsegrive. 1 vol.

— *Du même auteur:* **Le Catholicisme et la Religion de l'Esprit.** 1 vol.

— **Du Doute à la Foi**, par le R. P. Tournebize, S. J.	1 vol.

— *Du même auteur :* **Opinions du jour sur les peines d'outre-tombe.**	1 vol.

— **La Synagogue moderne**, sa doctrine et son culte, par A. F. Saubin. 1 vol.

— *Du même auteur :* **Le Talmud et la Synagogue moderne.**	1 vol.

— **Evolution et Immutabilité de la doctrine religieuse dans l'Eglise**, par M. Prunier, supérieur de Grand Séminaire.	1 vol.

— **La Religion spirite**, son dogme, sa morale et ses pratiques, par I. Bertrand.	1 vol.

— *Du même auteur :* **L'Occultisme ancien et moderne.**	1 vol.

— **L'Hypnotisme franc et l'Hypnotisme vrai**, par le D' Hélot. 1 vol.

— **L'Eglise et le Travail manuel**, par l'abbé Sabatier.	1 vol.

— **Unité de l'espèce humaine**, *prouvée par la similarité des conceptions et des créations de l'homme*, par le marquis de Nadaillac.	1 vol.

— *Du même auteur ·* **L'Homme et le Singe.**	2 vol.

— **Le Socialisme contemporain et la Propriété**, p. M. G. Ardant 1 vol.

— **Pourquoi le Roman à la mode est-il immoral et pourquoi le Roman moral n'est-il pas à la mode ?** par G. d'Azambuja.	1 vol.

— **Comment se sont formés les Evangiles**, par le P. Th. Calmes, professeur au Grand Séminaire de Rouen.	1 vol.

— **L'Impôt et les Théologiens.** *Etude philosophique, morale et économique*, par le comte de Vorges, ancien ministre plénipotentiaire, membre de l'Académie de Saint-Thomas, etc., etc.	1 vol.

— *Du même auteur :* **Les Ressorts de la Volonté et le libre Arbitre.**	1 vol.

— **Nécessité mathématique de l'Existence de Dieu.** *Explications — Opinions — Demonstration*, par René de Cléré.	1 vol.

— **Saint Thomas et la Question juive**, par Simon Deploige, professeur à l'Université Catholique de Louvain.	1 vol.

— **Premiers principes de · Sociologie Catholique**, par l'abbé Naudet.	1 vol.

— **La Patrie.** — *Aperçu philosophique et historique*, par J. M. Villefranche.	1 vol.

— **Le Déluge de Noé et les races Prédiluviennes**, par C. de Kirwan.	2 vol.

— **La Saint-Barthélemy**, par Henri Hello.	1 vol.

— **L'Esprit et la Chair.** *Philosophie des macérations*, par Henri Lasserre, auteur de *Notre-Dame de Lourdes*, etc., etc.	1 vol.

— **Le Problème Apologétique**, par l'abbé C. Maro, docteur en philosophie.	1 vol.

— **Le Levier d'Archimède ou la Mécanique céleste et le Céleste Mécanicien**, par le R. P. ORTOLAN. 2 vol.

— **Ce que le Christianisme a fait pour la femme**, p. G. d'AZAMBUJA. 1 vol.

— **L'Hypnotisme et la Stigmatisation**, par le D' IMBERT-GOURBEYRE. 1 vol.

— **L'Education chrétienne de la Démocratie**, *essai d'apologétique sociale*, par Ch. CALIPPE. 1 vol.

— **La Religion catholique peut-elle être une science ?** par l'abbé G. FRÉMONT. 1 vol.

— *Du même auteur :* **Que l'Orgueil de l'Esprit est le grand écueil de la Foi**, *Théodore Jouffroy, Lamennais, Ernest Renan.* 1 vol.

— **La Révélation devant la Raison**, par F. VERDIER, supérieur de Grand Séminaire. 1 vol.

— **Confréries musulmanes.** — *Histoire — Discipline — Hiérarchie*, par le R. P. PETIT. 1 vol.

— **Pratique de la Liberté de conscience dans nos Sociétés contemporaines**, par l'abbé CANET. 1 vol.

— **Comment peut finir l'Univers**, d'après la science, p. C. DE KIRWAN 1 vol.

— **Les Théories modernes de la Criminalité**, par le D' DELASSUS 1 vol.

— **Faillite du Matérialisme**, par Pierre COURBET, 3 vol. *se vendant séparément :*

   I. — *Historique.* 1 vol.

   II. — *Discussion ; l'atome et le mouvement.* 1 vol.

   III. — *Discussion ; l'éther, le gaz, l'attraction. Conclusion. — Appendice.* 1 vol.

— **Le Globe terrestre**, par A. DE LAPPARENT, Membre de l'Institut, professeur à l'Ecole libre des Hautes Etudes. 3 vol. *se vendant séparément.*

   I. — *La Formation de l'écorce terrestre.* 1 vol.

   II. — *La nature des mouvements de l'écorce terrestre.* 1 vol.

   III. — *La Destinée de la terre ferme et la Durée des temps.* 1 vol.

— **De la Connaissance du Beau**, *sa définition, application de cette définition aux beautés de la nature*, par l'abbé GABORIT, archiprêtre de la Cathédrale de Nantes. 1 vol.

— **Le Diable dans l'Hypnotisme**, par le docteur Ch. HÉLOT. 1 vol.

— **De la Prospérité comparée des nations protestantes et des nations catholiques**, *au point de vue économique — moral — social*, par le R. P. FLAMÉRION, S. J. 1 vol.

— **L'Art et la Morale**, par le P. SERTILLANGES, dominicain, docteur en théologie. 1 vol.

— **La Sorcellerie**, par I. BERTRAND. 1 vol.

— **Qu'est-ce que l'Ecriture sainte ?** *Les Livres inspirés dans l'antiquité chrétienne. Théorie de l'inspiration*, par le P. Th. CALMES. 1 vol.

---

**DEMANDER LA LISTE DES NOUVEAUX OUVRAGES PARUS**

---